鄭吉雄 著

周易玄義詮解

中央研究院中國文哲研究所

周易玄義詮解　目次

謹以此書獻給

先母馮舜英女士

您的剛毅婉約永銘我心

出版說明

二〇〇三年，中央研究院為提振中國古典研究，委由本院中國文哲研究所、語言學研究所及歷史語言研究所等，共同籌畫「中國古代文明的形成」研究計畫。計畫下分為「經典與文化的形成」與「古代中國及其周邊」兩項先期計畫，進行先期研究及規畫事宜。期望藉此結合國內外相關學門之研究者，共同組成研究群，以新方法、新觀點、以漸進方式推動中國上古史相關主題之研究及人才培育，期在國際學術界中建立臺灣在此研究領域之領銜地位。其中，中國文哲研究所所負責的「經典與文化的形成」計畫，在為期兩年半先期規畫計畫的執行期間，大抵著力於三大主題，一是經典的形成與流傳；二是經典的詮釋；三是經典所反映的文化面相。

「經典與文化的形成」先期規畫計畫結束後，經院方核定改名為「儒家經典的形成」，於二〇〇六年一月一日開始執行，參加此一計畫的有院內外年輕學者十人，臺灣大學中國文學系教授鄭吉雄先生，承擔《周易》的部分，這三年間研究成果特為豐碩，這本《周易玄義詮解》就是執行計畫的成果，他願意將書交給本所來出版，至為感謝。爰列入《中國文哲專刊》第四十一種。

中央研究院中國文哲研究所
二〇一二年十月一日

序

《周易》作為一部古老的經典，自有其複雜而悠久的形成過程。占筮、宗教、政治、自然觀測、文化傳統等等，都是《周易》產生的重要背景，故凡論《周易》詮釋方法，必與考古、訓詁、義理、象數、歷史、天文等各方面知識範疇，都有密切關係。

本書研究《周易》的「字義」，可上溯陳淳《北溪字義》、戴震《孟子字義疏證》及劉師培《理學字義通釋》等研究「字義」的舊傳統，但也汲取了當代語文學及語言哲學的一些方法。本書特別提出「字義」的分析進路，主要因為十年前我研究中國經典詮釋傳統，重新注意到掌握經典語言，是探析經典哲理的必經之路。過去清儒有「訓詁明而理義明」的講法。❶其實廣義的「訓詁」，絕不是只講講文字的本義故訓即可完成，而是要將文字語言所包含的極其繁複的層層內蘊，加以釐析，重新鋪陳，以述說其意義的根源與演變。這個艱鉅的過程，既包含了具體的語

❶ 戴震〈題惠定宇先生授經圖〉「訓故明則古經明，古經明則賢人聖人之理義明」一語。參〔清〕戴震著，胡錦賢整理：《戴氏雜錄》，收入張岱年主編：《戴震全書》（合肥：黃山書社，一九九四—一九九七年），第六冊，頁五〇五。

素分析，也包括了抽象的哲理窮索。在中國經典詮釋傳統中，「語言」既是考據的問題，也是義理的問題。要探討《周易》的哲理，掌握中國文字的形音義是一條坦途，但又不能囿限於傳統小學的範疇。近年來，我分析《周易》經傳中關鍵性字詞的形音義，以疏釋《易》理，間有一得之愚。這部書輯錄的，就是其中一部分的成果。❷

回顧歷史，我並不認為我所作的是一個新嘗試。在中國《易》學的古老傳統中，幾乎所有《易》家的疏解工作，都從「字義」探析起步。最早的解釋《周易》彖辭的著作——《彖傳》，其通例必先以卦體釋卦名，進而論其卦德，衍其義理。這種「釋」「名」的工作，不就是以掌握「字義」為基礎，演繹「經」的哲理思維？但仔細區別，前賢對字義的掌握，畢竟淺深不同，諸家所論，純駁互見，往往各有所偏。如程頤《易傳》每疏釋一卦，必解釋卦爻辭字詞義理，不可謂不重視字義詞義。但程頤稱「天者，天之形體；乾者，天之性情」，❸實則「天」字之義，並不止於天之「形體」；「乾」字本義，亦與性情無關。傳統注家在解經時，常常出現這一類不能確知其為「講本義」抑或「講引申義」的籠統話語。晚至近世，清儒特擅音韻訓詁之學，形音義的

❷ 關於經典詮釋與語言分析的研究，讀者可參鄭吉雄主編：《語文、經典與東亞儒學》（臺北：臺灣學生書局，二〇〇八年）、《觀念字解讀與思想史探索》（臺北：臺灣學生書局，二〇〇九年），與佐藤鍊太郎合編：《臺日學者論經典詮釋中的語文分析》（臺北：臺灣學生書局，二〇一〇年）等三書。

❸ 〔宋〕程頤：《周易程氏傳》（臺北：成文出版社，一九七六年無求備齋《易經集成》，第十五冊），卷一，頁一a。

分析方法獲得發明，從此世人讀經典，始知字義研究的縱深，粗略論之，即有本義、引申、假借之分，❹即使古義、今義，亦屬相對的名稱，不能拘泥。❺其中內容，至為複雜，往往是專注於哲學分析的《易》家所無法想像的。❻正因為無法想像，所以往往視而不見。反過來說，也有部分拘守於漢學規範的學者，誤以為考覈字義，順讀文句，義理即可以顯豁於眼前，這又不免輕忽了哲理內蘊的繁難，每每多超出於字辭文句本義之外。❼總括而論，倘若今天我們能汲取前賢的經驗，迴避其短而兼取其長，必然可以站在前賢的肩膀上，看得更遼遠，這是我們作為後出者承繼總結前賢的經驗之後，所擁有的優勢；也是我們發揚先哲偉業，傳承中國經典詮釋傳統的責任所在。

---

❹ 段玉裁〈亯饗二字釋例〉：「凡字有本義，有引伸之義，有叚借之義。」（清）段玉裁：《經韻樓集》（臺北：大化書局，一九七七年《段玉裁遺書》，下冊），卷一一，頁二一a。

❺ 段玉裁：「古今者，不定之名也。三代為古，則漢為今；漢魏晉為古，則唐宋以下為今。」〈王懷祖廣雅注序〉，同前註，卷八，頁三a。

❻ 例如「易」、「乾」字義均本於日照，以此印證卦爻辭尚陽的思想，以及後世傳注多闡發《易》理「主剛」的事實，而可推知《周易》的哲理基礎，實是以太陽為中心的宇宙論。詳本書諸篇。

❼ 例如「元亨利貞」，或釋為「大享，利占」（見高亨：《周易古經今注》重訂本〔北京：中華書局，一九八四年〕，卷一，頁一六一），而不知此四字在卦爻辭中皆用引申義，義為大通而利於守常。至於《彖傳》「乾元」、「坤元」之名，則又將「元」字與卦名連合而成為抽象的宇宙本源的名稱。此義熊十力《乾坤衍》一書論之最詳。

近百年來《易》學的研究，可謂鼎盛，❽名家輩出，勝義紛陳，自新文獻❾出土以後，東西方研究者更多。然而《易》學研究，有待於後人努力改進之處尚多，其中尤其以兩種說法，最深植人心：

一、《易》為卜筮記錄。

二、《易經》、《易傳》應分別而觀，不能以傳釋經。

此兩說實為近世治《易》者對《易》最根本的誤解，故亦最需要被檢討。《周易》是一部世界性的經典，同時也是標誌中國思想核心義理的經典。《周易》與《詩經》、《尚書》同屬周民族建立王朝、開天創制的政典，與殷周之際的歷史背景有密切關係，❿但《易》的內容所依據的一套以

❽ 讀者可詳徐芹庭：〈六十年來之易學〉（收入程發軔編：《六十年來之國學》〔臺北：正中書局，一九七二年〕，第一冊，頁三—二〇九）、黃沛榮：〈近十餘年來海峽兩岸易學研究的比較〉（《漢學研究》第七卷第二期〔一九八九年十二月〕，頁一—一七）、廖名春、康學偉、梁韋弦：《周易研究史》（長沙：湖南出版社，一九九一年）、陳桐生：〈二十世紀的《周易》古史研究〉（《周易研究》一九九九年第一期，頁二三—三〇）、鄭吉雄：〈從經典詮釋傳統論二十世紀《易》詮釋的分期與類型〉（收入《易圖象與易詮釋》〔臺北：臺大出版中心，二〇〇四年〕，頁一三—八一）、楊慶中：《二十世紀中國易學史》（北京：北京人民出版社，二〇〇〇年）。

❾ 尤以漢石經《周易》殘字、各種數字卦文獻、王家臺秦簡《歸藏》、馬王堆帛書《周易》、阜陽雙古堆《周易》、上海博物館藏《周易》殘簡為重要。

❿ 《周禮》載太卜掌三《易》之法，有《連山》、《歸藏》、《周易》之名，已可見《周易》之為政典，其說遠有來歷。或以為

太陽為中心的宇宙論，卻淵源甚遠，既鋪陳出大人君子自治治人的政治哲學，亦進一步在《易傳》中發展出天人合一的自然哲學，既強調「人」與「自然」同出一源、主客相融的真理，標誌了人類與自然生生不息、互相支持的理念，也反映了中國傳統文化內蘊中「人」與「自然」互相協調的重要性。⓫《周易》玄理之所以偉大，正是因為它在本質上，既強調了「矛盾」的動態世界，也突顯了「調和」的最高理想，在闡釋大人君子與廣大人民上下交通的政治藝術之餘，又衍生出尊重環境、包容異類、珍惜資源、均衡強弱的價值觀念，在當前全球生態環境激變與人類秩序混亂的情形下，自有極其深刻的人文、哲學與宗教意義。所可惜的是，過去一個世紀以來，

《周禮》所載非信史，今王家臺出土秦簡《易》辭，學者已證實為《歸藏》。然則自《歸藏》發展至《周易》，必與殷周之際有關。又《左傳》昭公二年：「晉侯使韓宣子來聘，且告為政而來見禮也，觀書於大史氏，見《易》象與魯《春秋》，曰：『周禮盡在魯矣。』」見〔晉〕杜預注，〔唐〕孔穎達等正義：《春秋左傳注疏》（臺北：藝文印書館，一九七九年影印阮元校刻《十三經注疏附校勘記》本），卷四二，頁一a—b。雄按：《易》象為周禮的一部分，即可證其與政治制度的密切關係。又《周易．繫辭上傳》：「子曰：『夫《易》，何為者也？夫《易》，開物成務，冒天下之道，如斯而已者也。』」《繫辭下傳》：「《易》之興也，其當殷之末世，周之盛德邪？當文王與紂之事邪？」故章學誠《文史通義．易教上》：「《六經》皆史也。古人不著書，古人未嘗離事而言理，《六經》皆先王之政典也。」（〔清〕章學誠著，葉瑛校注：《文史通義校注》〔北京：中華書局，一九九四年〕，卷一，頁一）而稱《易》道「蓋包政教典章之所不及」、「其教蓋出政教典章之先」，都是可靠的推論。我別於數篇拙文有所論述，將於數年內另輯一書行世，供讀者採擇。

⓫ 如張載《正蒙》提出「太和」之觀念，即闡發此一理念。所謂「太和」即最大的調和，實即在最大的衝突中完成。沒有衝突，何來調和？故說「太和」，即已蘊含兩種矛盾之宇宙本質，而有升降、上下、浮沈、絪緼等活動。參〔宋〕張載：《正蒙》，《張載集》（北京：中華書局，一九七八年），頁七。

《周易》一書或被視為崇高而神祕的聖典，終而被引申與民間占筮風水之說合流；或被視為卑微而不經的占辭，卒被貶抑為毫無義理內涵的古代社會史料。此二說於《周易》的評價，雖各走極端，有天壤之別，但視《周易》卦爻辭為單純的占筮記錄，則絕無二致。民俗風尚趨新好奇，耽於迷信，猶有可諒；學界人士每每以科學精神自豪，而竟不問證據，遽信舊說，又將何以自解？學術界廣泛視《易》為先民迷信占卜活動的遺留，卦爻辭僅為經過整理纂輯的文字記錄，而其中並不含有一絲一毫哲理的成分。追溯此一說法的遠源，實源自古史辨運動反傳統、反玄學的餘波。隨著出土文獻的問世、科學整理的倡議甚囂塵上，卦爻辭僅為上古史之材料，成為近數十年來研究者幾不必受檢驗的一種預設心理。視《易》為單純的占卜記錄，其危險程度，實與傳統學者「經傳不分」的觀點不相上下。傳統學者也許囿限於「易歷四聖」的舊說，視經傳為一體之傳承，故將《周易》經傳異同的問題置之不問；但如果今人可以不理會一切證據，即斷言《易經》為沒有絲毫哲理的巫術迷信產物，又豈能說是科學的態度？總之，科學整理國故、《易》為卜筮之書等觀念，過去一個世紀以來深植人心，使研讀卦爻辭的年輕學者，不自覺地戴上一副副有色眼鏡；復以《易》為筮書之說，解讀出土文獻，進一步坐實這樣的論斷，而視《易傳》為《易》哲學的源頭，不再推溯其源出於卦爻辭的事實。於是，作為《五經》之首的《易經》，與《易傳》在內容與思想體系之間的複雜關係，被一筆抹殺；以詮解《易經》為主要任務的《易傳》，其與「經」之間的血緣關係，被一刀切斷，《易傳》就被限縮到完全不能和「經」發生任何意義的聯繫。於是「經」沒有了血胤，真正成了故紙一堆；「傳」失去了血親，思想統緒混沌不明。

《周易》經傳性質、傳承關係、學說淵源，一概隱而不見，這是一個至為嚴重的大問題。

「易」是否為卜筮記錄？以及經傳關係為何？只是我所關懷眾多《易》學問題中的兩個，也是我研究《周易》詮釋方法的一部分。關於《易》詮釋的研究，對我而言，從二〇〇二年出版《易圖象與易詮釋》的圖象詮釋研究，發展到本書的字義詮釋研究，不能不說是一個意外的發展，但若細推其中問題意識的發展，也不能說完全沒有內在理路可說。首先，任何經典詮釋的研究，都必須在一端汲取最古老的歷史文化資源，另一端則導引到最貼近當代人文問題的意義層面。關於中國經典詮釋方法以及《周易》詮釋方法諸問題，我別有專文討論，於此不能完整詳敘。至於「經典」「詮釋」主體客體如何相互糾纏、不易區分的困難，拙著〈論清儒經典詮釋的拓展與限制〉中亦已有所討論，[12]於此亦不再複述。唯有透過多個不同方向，探討《周易》經傳語言、文獻、歷史、思想各個面向的各個層面，才有可能揭示《易》理所昭示自然生態環境和人文秩序的密切關係，為未來全球的倫理宗教研究，注入活水泉源。

我之治《易》，始於三十年前黃沛榮老師的啟蒙；始窺訓詁學之堂奧，則承張以仁老師的教導。本書關於《周易》文獻訓詁的方法，得自兩位老師之啟發尤多，銘記於此，以誌不忘。臺灣大學中文所博士班及門傅凱瑄同學為本書執校讎之役，發疑訂訛，爰此致謝。過去十年，我陸續

[12] 詳參拙著：〈論清儒經典詮釋的拓展與限制——並試論清代社群意識的發展〉，收入拙著：《戴東原經典詮釋的思想史探索》（臺北：臺大出版中心，二〇〇八年），頁三一九—三二一。

獲得國家科學委員會資助，在臺灣大學中文系及中央研究院中國文哲研究所執行過《周易》相關的研究計畫，本書作為參與文哲所林慶彰教授主持之「儒家經典之形成」研究計畫的成果刊布，⓭獲中央研究院支持，審查通過出版，謹此致上深切的謝意。

二〇一〇年八月二十二日鄭吉雄識於臺北寓廬

⓭ 猶憶計畫啟動後，我有幸受邀擔任首次讀書會（二〇〇三年九月二十七日）的主講人，講題為「《周易》經傳的形成及其相關問題」。

壹、試從詮釋觀點論易陰陽乾坤字義*

一、前言

個人近十年來研究中國經典詮釋理論與詮釋傳統，多從語言文字的角度，關注經典觀念內蘊的意義，如何逐步演繹成整個經典的意義世界。要而言之，面對以漢字漢語構成的中國經典，要推求其內蘊意義，既須追溯其文字形音義的本誼，同時又不能囿限於本義，而必須延伸探索其意義發展的過程。主要原因在於：由漢語聯字綴辭而成篇章的中國經典，其字詞篇章聯綴而成的意義群，是在傳抄、講述、改寫、注釋的過程中，經由語言的演繹，逐步發展出來，而其呈現的結

＊本文原題〈試論易陰陽乾坤字義〉，於福建師範大學「第三屆中國經學國際學術研討會」（二〇〇九年十一月七—八日）宣讀。後易為今題，刊彭林主編：《中國經學》第六輯（桂林：廣西師範大學出版社，二〇一〇年），頁三三—五二，另收入鄭吉雄、佐藤鍊太郎合編：《臺日學者論經典詮釋中的語文分析》，頁一—三四。

果，有時是一字形體不變，而兼攝多義；❶有時字體變易，成為「異文」，而反映出多種意義；❷有時則在一篇之中，透過音義的聯繫，而發展為另一字而衍發出新意義。❸

作為《六經》之一的《周易》也不例外。《易》由「經」發展至「傳」，「傳」的作者擷取「經」中某一、二字，創造為新觀念，如「乾：元亨利貞」、「坤，元亨」，「元」字原屬二卦卦辭首字，《彖傳》作者取之，以與卦名「乾」、「坤」字結合，成為「乾元」、「坤元」兩個新觀念，而利用「大哉乾元」、「至哉坤元」，鋪陳出一套弘大的哲學思想。或如《坤·彖傳》以「含弘光大」四字演繹卦辭「元」字，以「品物咸亨」四字演繹「亨」字，都屬此例。❹

關於「周易」原義的問題，學者多泛指「陰」、「陽」之理，以說其義。至於「易」、「乾」、「坤」等三字的本誼，傳世說法多可爭議，當世《易》學家亦往往不能徵實而言。本文在拙著

---

❶ 如《周易》「乾」卦卦辭「元亨利貞」，「亨」字本義為「享」、「烹」，但於卦辭中則兼用「通」義；「貞」字甲骨文與「鼎」相同，本義為「占問」，但於卦辭則兼為「守常不變」。

❷ 如傳本《周易》「坤」字長沙馬王堆帛書《周易》寫作「川」、傳本《周易》「井」卦初爻「舊井无禽」，王引之讀「井」為「阱」，上博簡本《周易》寫作「汬」，都可考察出新意義。

❸ 如「大有」卦上爻「自天祐之，吉，无不利」，「祐」與「有」均屬之部，「自天祐之」辭句即從「大有」之音與義引申演繹而來。

❹ 相關論述，請詳本書第貳篇。

〈論易道主剛〉❺的立論基礎上提出一個假設，認為「易」、「乾」、「坤」、「陰」、「陽」五個字，字義實相關聯，均與日光照射、陰雨雷電之自然現象有關。❻此從甲骨文、金文即可考察其義。殷易《歸藏》立「坤乾」為首。可見殷商之世，「乾坤」之義已經確立。❼「坤」被列為《歸藏》首卦，就其字源而言，含義與水、地均有關係；《周易》立「乾」為首，「乾」字字源則起於以太陽為中心的宇宙論。基於上述「字義演繹」為主旨的經典詮釋理論，我們有理由相信：面對

---

❺ 拙著：〈論易道主剛〉，《臺大中文學報》第二六期（二〇〇七年六月），頁八九—一一八。

❻ 具而言之，《周易》所講述的政治哲學，主要即立足於此一種自然哲學。

❼ 《禮記．禮運》：「我欲觀殷道，是故之宋而不足徵也，吾得《坤乾》焉。」鄭《注》：「得殷陰陽之書也，其書存者有《歸藏》。」參〔漢〕鄭玄注，〔唐〕孔穎達等正義：《禮記注疏》（影印阮元校刻《十三經注疏附校勘記》本），卷二一，頁八八a。關於王家臺出土秦簡所包括之《歸藏》，說詳王明欽：〈王家臺秦墓竹簡概述〉（收入艾蘭、邢文主編：《新出簡帛研究：新出簡帛國際學術研討會論文集》〔北京：文物出版社，二〇〇四年〕，頁二六—四九），研究論文甚多，《新出簡帛研究》一書收錄包括邢文、柯鶴立（Constance A. Cook）等多篇論文。邢文另有〈秦簡《歸藏》與《周易》用商〉一文（《文物》二〇〇〇年第二期，頁五八—六三），可參。讀者亦可參賴貴三：〈《歸藏易》研究之回顧與評議〉，二〇一一年十月一三—一六山東大學易學與中國古代哲學研究中心「早期易學的形成與嬗變國際學術研討會」論文。《周易研究》亦收錄包括林忠軍：〈王家臺秦簡《歸藏》出土的易學價值〉（二〇〇一年第二期，頁三—一二）及任俊華、梁敢雄：〈《歸藏》、《坤乾》源流考——兼論秦簡《歸藏》兩種摘抄本的由來與命名〉（二〇〇二第六期，頁一四—二三）等多篇論文。近世學者治《易》者，或不信《歸藏》為殷《易》，或以「多聞闕疑」為由不接受王家臺秦簡可證殷《歸藏》之存在（如程二行、彭公璞：〈《歸藏》非殷人之《易》考〉，《中國哲學史》二〇〇四年第二期，頁一〇〇—一〇七），主要因為受到二十世紀初科學主義思潮影響，而未考慮中國古代歷史傳說固有其可靠之淵源所致。

以《周易》經傳為源頭，漸次發展出整個龐大的《易》詮釋傳統，研究者固然不能只講究一字一詞的本義，但也不能只注意戰國以降漸次發生的新的引申義。正確的態度是：我們應該以經典字詞為核心，考索字形之「本義」，並尋繹漸次演繹而出之「引申義」，進而重建整個前後構成的龐大「意義群」。故本文討論「易」、「乾」、「坤」、「陰」、「陽」之字義，有一個方法論的預設，即認為此五個字字義之原始與變遷，均以《易》理太陽為中心之宇宙觀為基礎。因此，本文對於此五字形音義之探討，論據相互支持，而不作孤立的討論。至於《周易》以太陽為中心之宇宙論的哲理基礎，已在〈論易道主剛〉中有所詳述，其中旨趣與本文相發明，故盼讀者以該文與本文合觀為幸。

二、「易」字義探源

近世治《易》的學者，於「易」字字義的說解，頗多爭議，章太炎甚至認為「易」名義不可解，而僅能就後世的諸多訓釋中歸納出「易簡」、「變易」二義。❽但就《易》學界提出的說解而

❽ 章太炎說：「《易》何以稱《易》，與夫《連山》、《歸藏》，何以稱《連山》、《歸藏》，此頗費解。鄭玄注《周禮》曰：『《連山》似山出內氣變也；《歸藏》者，萬物莫不歸而藏於中也。』皆無可奈何而強為之辭。蓋此二名本不可解。「周易」二字，周為代名，不必深論；易之名，《連山》、《歸藏》、《周易》之所共。《周禮》『太卜掌三《易》之灋』，《連山》、《歸藏》均稱為《易》。然易之義不可解。鄭玄謂易一名而含三義：易簡，一也；變易，二也；不易，三也。『易簡』之說，頗

言，大致有三種說法。第一種本於許慎《說文解字》（以下簡稱《說文》），同時從象形、會意釋「易」字，將「蜥易」、「守宮」之形以及「日月為易」之意並列，又進一步引《緯書》證明「日月合文」之說。第二種是參考《禮記．祭義》「易抱龜南面」及《國語．楚語》「在男曰覡，在女曰巫」之說，認為「易」為官名，為「覡」之假借，引申又為筮書之名。第三種是參酌「易」本變易之說，而推論古文字「易」為交易、貿易之形，用以證明其說。

關於第一種說解，《說文》釋「易」字：

> 易，蜥易，蝘蜓，守宮也。象形。祕書說曰：「日月為易。」象陰陽也。一曰从勿。凡易之屬皆从易。

據段玉裁《注》，「祕書」指的是「緯書」。❾按《周易參同契》說：

近牽強，然古人說《易》，多以易簡為言。《左傳》：南蒯將叛，以《周易》占之，子服惠伯曰：『《易》不可以占險。』則易有平易之意，且直讀為易（原注：去聲）矣。易者變動不居，周流六虛，不可為典要，唯變所適，則變易之義，最為易之確詁，惟不易之義，恐為附會，既曰易，如何又謂之不易哉？又《繫辭》云：『生生之謂易。』此義在變易、易簡之外，然與字意不甚相關。故今日說《易》，但取變易、易簡二義，至當時究何所取義而稱之曰《易》，則不可知矣。」章太炎：〈經學略說（上）〉，章念馳編訂：《章太炎演講集》（上海：上海人民出版社，二〇一一年），頁四九六。

❾ 段玉裁《注》：「祕書，謂緯書。目部亦云：『祕書，瞋从戌。』按：《參同契》曰：『日月為易，剛柔相當。』陸氏德明引虞翻注《參同契》云：『字从日下月。』」（漢）許慎著，（清）段玉裁注：《說文解字注》（臺北：漢京文化事業公司，一九八三年影印經韵樓藏版），九篇下，頁四四b。

日月為易，剛柔相當。

「蜥易」、「日月為易」都是漢儒相傳的古義。前者以象形解說，因與《周易》意義沒有直接關係，後儒採此一說者不多；後者以會意解說，則影響較大。今日治《易》的學者，以及眾多《周易》的辭典字書，仍然多取「日月為易」的說解以釋「易」，以符合傳統乾坤並建、陰陽相濟的《易》理之說。

第二種是「易」為官名說。《禮記．祭義》說：

昔者聖人建陰陽天地之情，立以為《易》。易抱龜南面，天子卷冕北面，雖有明知之心，必進斷其志焉，示不敢專，以尊天也。

鄭玄《注》：

「立以為《易》」，謂作《易》；「易抱龜」，易，官名。❿

這是明確以「易」為官名。又《周禮．春官．簭人》：

❿ 鄭玄注，孔穎達等正義：《禮記注疏》，卷四八，頁一五a。

> 掌三易以辨九簭之名：一曰連山，二曰歸藏，三曰周易。九簭之名，一曰巫更、二曰巫咸、三曰巫式、四曰巫目、五曰巫易、六曰巫比、七曰巫祠、八曰巫參、九曰巫環，以辨吉凶。⑪

「巫」亦為官名。掌《易》之官，而從事占卜之事，且「九簭」以「巫」為名，則綜合而又有「覡」之名。《國語．楚語下》：

> 在男曰覡，在女曰巫。⑫

然則「巫」、「覡」是同一類人。其實自朱熹稱「《易》本為卜筮而作」，⑬已為後儒定「易」之義為卜筮、甚或參酌《周禮》「大卜」而釋為筮者，確定了基調。清儒吳汝綸《易說》云：

> 《周易》之名，說者以交易、不易、變易釋之，皆未審也。《戴記．祭義》篇云：「昔者聖人建陰陽天地之情，立以為易。易抱龜南面，天子卷冕北面。」是易者占卜之名，因以名其官。《周禮》：「大卜，主三兆、三易、三夢之占。」易與兆、夢同類，其不以交易、變易為義，決也。鄭君《周禮注》云：「易者，揲著變易之數可占者也。」蓋亦釋易為占。《史記．

---

⑪〔漢〕鄭玄注，〔唐〕賈公彥疏：《周禮注疏》（影印阮元校刻《十三經注疏附校勘記》本），卷二四，頁二三a—b。

⑫〔吳〕韋昭注，上海師範大學古籍整理組校點：《國語》（上海：上海古籍出版社，一九七八年），卷一八，頁五五九。

⑬〔宋〕黎靖德編：《朱子語類》（臺北：華世出版社，一九八七年），卷六六「易二」，頁一六二〇。

《大宛傳》云：「天子發書易云：神馬當從西北來。」武帝〈輪臺詔〉云：「易之，卦得大過。」「發書易」者，猶云發書卜也。「易之」者，卜之也。易為占卜之名，故占卜之書謂之易。至《參同契》謂「日月為易」，皆曲說也。⓮

吳汝綸釋「易」為「卜」，謂「占卜之書謂之《易》」。其後尚秉和即引吳說，以官名而定「易」本詁「占卜」。⓯高亨亦以官名解釋「易」字，說：

> 其用作書名，當為借義。余疑易初為官名，轉為書名。

他認為「易」本象蜥蜴之形，假借為官名，又依官職所司掌，而轉為筮書通名，復引《說文》「覡」的說解：

> 覡，能齋肅事神明者也。在男曰覡，在女曰巫。

再引《荀子．正論》「出戶而巫覡有事」楊倞《注》：

⓮〔清〕吳汝綸：《易說》，卷一，吳汝綸撰，施培毅、徐壽凱校點：《吳汝綸全集》（合肥：黃山書社，二〇〇二年），第一冊，頁三。

⓯尚秉和《周易尚氏學》亦說：「吳先生曰：『易者，占卜之名。〈祭義〉：「易抱龜南面，天子卷冕北面。」是易者，占卜之名，因以名其官。』……簡易、不易、變易，皆易之用，非易字本詁。本詁固占卜也。」尚秉和：《周易尚氏學》（北京：中華書局，一九九八年），頁一。

女曰巫，男曰覡。

高亨接著解釋說：

卜筮原為巫術，遠古之世，實由巫覡掌之。《周禮》卜筮之官有大卜、卜師、占人、簭人等，非初制也。巫覡掌筮，尤可論定。……巫掌筮，故筮字从巫，其證一也。……巫掌筮，故九筮之名皆冠筮字，其證二也。《世本・作》篇曰：「巫咸作筮。」《呂氏春秋・勿躬》篇文同。作筮者巫，則掌筮者其始必亦巫，其證三也。覡與巫同義，易與覡同音。筮官為巫，而《禮記》稱易，則易蓋即「覡」之借字矣。筮官之易既為覡之借字，則筮書之易亦即覡之借字矣。朱駿聲曰：「三易之易讀若覡。」說雖無徵，確有見地。《周易・繫辭上》曰：「生生之謂易。」以變易之義釋筮書之名，恐不可從。鄭玄《易贊》及《易論》云：「易一名而含三義：易簡一也，變易二也，不易三也。」更屬駢枝之說矣。⑯

細推上述分析，「覡」字字義僅限於「男巫」，並未見有「掌《易》」職掌的記載；「巫」與「易」是否有關係，文獻上亦無確據。唯「筮官之易，為覡之借字」一項，高亨提出朱駿聲《說文通訓定聲》之說以為據，定「易」為「覡」之假借，遽睹似可相信。然而上古文字音韻相近同的例子

⑯ 高亨：〈周易釋名〉，《周易古經通說》，收入《高亨著作集林》（北京：清華大學出版社，二〇〇四年），第一卷，頁二七—二八。

太多，「易」、「覡」古音近同，本亦未必表示「易」必為「覡」，更何況高亨所引朱駿聲的原文，尚有重要部分被省略掉了。《說文通訓定聲・解部》「易」字云：

> 駿謂：「三易」之「易」讀若「覡」，《周易》之「易」讀若「陽」。夏后首「艮」，故曰《連山》；商人首「坤」，故曰《歸藏》；周人首「乾」，故曰《周易》。「周」者，「匍」之借字；「易」者，「昜」之誤字也。⓱

朱駿聲將「三易」與「周易」截然區別，分判而觀，認為「三易」為「太卜」所掌，故為「覡」之「別義」；⓲《周易》之「易」，則為「『昜』之誤字」。此足可說明高亨引朱駿聲原文，截斷後文尤其「《周易》之『易』讀若『陽』」一語，讀者遂不知不覺中將《周易》之「易」聯繫上「覡」字，反而跳過了朱駿聲讀《周易》之「易」為「昜」字的論證。此一做法頗有故意隱瞞原典內容，以證成己說之嫌。然則高亨所列諸證，歸結最後，實只有一個論據，就是認定《易經》其實源出於巫術，所謂「卜筮原為巫術，遠古之世，實由巫覡掌之」，就是高氏開宗明義的宣言。然而以今天回顧，此一說法，並無文獻或考古之確據，恐怕係二十世紀初學者對於上古社會常識性的臆測而已。

⓱ 〔清〕朱駿聲：《說文通訓定聲》（臺北：藝文印書館，一九七五年），〈解部第十一〉，頁四四b。朱駿聲也討論到《說文解字》「蜥蜴」與「日月為易」兩義，認為許慎指前者為本義，後者則「專以解義經」（頁四四a—b）。

⓲ 雄按：此段文字置於「別義」而非「假借」之下。

上引朱駿聲認為《周易》之「易」為「昜」字之誤的論點，其實極為重要，如不細讀，將被忽略。按：《說文通訓定聲．壯部》「昜」字云：

> 開也，从日、一、勿，一曰飛揚，一曰長也，一曰彊者衆皃。按：此即古「暘」，為侌昜字。侌者，見雲不見日也；昜者，雲開而見日也。从日，「一」者，雲也，蔽翳之象；「勿」者，旗也，展開之象。會意兼指事。或曰「从旦」，亦通。經傳皆以山南水北之「陽」為之。⓳

朱駿聲確定《周易》之「易」字，本為指「雲開見日」的「昜」字，其意極為明確。關於「『一』者，雲也，蔽翳之象；『勿』者，旗也，展開之象」云云，其說是否合乎「昜」字的形義，讀者可參看本文第三節所引「昜」字形體，即可判斷。

第三種說法的基礎是《易》一名而有三義之說，取其「易」本變易之義，而推論古文字「易」為交易、貿易之形，用以證明其說。原本學者殆無異議之處，就是都將「易」字的意義，釋為「變易」或「簡易」。⓴如《周禮．春官．太卜》：「掌三《易》之灋，一曰連山，二曰歸藏，三曰周易。」賈公彥《疏》說：

> 《連山》、《歸藏》皆不言地號，以義名《易》；則周非地號，以《周易》以純乾為首，乾為

⓳ 朱駿聲：《說文通訓定聲》，〈壯部第十八〉，頁一a。

⓴ 《周易乾鑿度》所謂「易」有三義，其中的「不易」就是「不變易」之意。在這裡「易」字亦是「變易」的意思。

天，天能周帀於四時，故名易為周也。㉑

賈《疏》似是配合「易」字字義而釋「周」為「周帀」。又《周易乾鑿度》：

孔子曰：「易者，易也，變易也，不易也。」㉒

孔穎達〈周易正義序〉：

夫易者，變化之總名，改換之殊稱。……謂之為易，取變化之義。㉓

「易」「取變化之義」可以說明治《易》者的另一種解讀。貿易、變易的說解，當與陰陽的交替轉變有關。近當代古文字學家或認為「易」與「益」字字形有密切關係，本義為「變易」，用例上則多用為「錫」，義為「賜給」。如季旭昇《說文新證》列舉「易」字甲金文諸形，分析其本義說：

本義：變易、賜給。假借為平易、容易、暘。釋形：甲骨文從兩手捧兩酒器傾注承受，會

㉑ 鄭玄注，賈公彥疏：《周禮注疏》，卷二四，頁一一b——一二a。

㉒〔漢〕鄭玄注：《周易乾鑿度》（無求備齋《易經集成》，第一五七冊），卷上，頁一a。

㉓〔魏〕王弼，〔晉〕韓康伯注，〔唐〕孔穎達等正義：《周易注疏》（影印阮元校刻《十三經注疏附校勘記》本），卷一，頁三b。

「變易」、「賜給」之義。或省兩手、或再省一器，最後則截取酒器之一部分及酒形，而作「」形（原注：參郭沫若〈由周初四德器的考釋談到殷代已在進行文字的簡化〉、徐中舒《甲骨文字典》一〇六三頁）。師酉簋字形漸漸訛變，與蜥蜴有點類似，《說文》遂誤釋為蜥蜴。中山王譽鼎作二「易」相對反，強調上下變易之義（原注：四訂《金文編》一五九五號謂「義為悖」），學者多主張當釋「易」）。秦文字「易」、「易」有相混的現象。㉔

何琳儀《戰國古文字典》：

甲骨文作「」，从二益，會傾一皿之水注入另一皿中之意，引申為變易，益亦聲。易、益均屬支部，易為益之準聲首。西周早期金文作「」，省左益旁，甲骨文或作「」，截取右益之右半部分。金文或作「」於器皿鋬手之內著一飾點。……戰國文字承襲兩周金文之省文，多有變化。或从二易，似與甲骨文初文有關；或作「」，則與易字相混。㉕

無論是「兩手捧兩酒器傾注承受」抑或「傾一皿之水注入另一皿中」，固然有交易、轉易的意

㉔ 李旭昇：《說文新證》（臺北：藝文印書館，二〇〇四年），卷九下，下冊，頁九六。

㉕ 何琳儀：《戰國古文字典》（北京：中華書局，一九九八年），上冊，頁七五九。本文承張光裕教授來信賜示，提醒何琳儀教授「『』與易字相混」之說，應係引自睡虎地八二「相易」字例，無非指出秦文字之地域特點，應屬特例。如欲用為印證，似宜多搜尋實例以作說明，否則書為「易」之「易」字，與義指為「易」之「易」並不一定相涉。謹轉引張教授之說，俾供讀者參考，並致謝忱。

義。但再引申到講「易」字，似乎仍有未達之一間。季旭昇以「變易、賜給」來解釋「易」字本義。但「變易」、「賜給」明明為兩種不同的意義，何以能聯繫而為一字之本義？又如何能解釋其與《周易》的原理？這些勉強彌縫的解釋，恐怕都難以厭足學者之心。《德鼎》作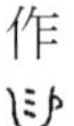之形，即「益」字，用為「錫」字，是古文字學家以「易」之形為「益」之省的主要依據之一。然而也有學者不同意此一看法。鄧佩玲〈《詩．周頌．維天之命》「假以溢我」與金文新證〉一文，❷❻論證「益」乃「溢」之初文，又從西周早期「德」鑄諸器，如《德鼎》、《德簋》等說明「益」或可讀為金文習見之「易」，通今之「賜」字。而「益」與「易」在字形上相關，在用法上相通，卻不代表這兩個字相互間完全相等。張光裕說：

> 金文的，是否就是字的省形，卻還是值懷疑的。因為甲骨文中、二字顯然有著不同的用法。……「易」字的三小點都是朝下，其方向也與字小點寫法是相反的。因此我們暫時只能相信「益」、「易」的通假只是古音同部的關係而已。❷❼

郭沫若說：

❷❻ 該文宣讀於香港嶺南大學中文系與中央研究院中國文哲研究所合辦「經學國際學術研討會」（二〇〇九年五月），將由主辦單位安排發表。此處徵得作者同意引用。

❷❼ 張光裕：《先秦泉幣文字辨疑》（臺北：國立臺灣大學文學院，一九七〇年），頁九六。

易（□）字作益（□），可以看出易字是益字的簡化。但易字在殷墟卜辭及殷彝銘中已通用，結構甚奇簡，當為象意字，迄不知所象何意。㉘

郭沫若已注意到「易」字結構奇簡，「當為象意字」；嚴一萍〈釋□〉更直接指出「易」與日光照射的形象：

> 德鼎之用「益」為「錫」，當是音同相借，為偶發現象。決非字形演變之簡化。故其他銘文所見，益自益，□自□，而益皆从□，未有絲毫混同之跡象可尋。且金文之□，更有作□者，明其右半从日，正象雲開而見日出；左半之彡，象陽光之下射也。㉙

根據嚴一萍的看法，「易」字右半从日，左半「彡」象陽光下射，那麼「易」的本義，就是象陽光的照射。此一基於甲骨文字形的分析，與前引朱駿聲以《周易》之「易」原本是義為「雲開而見日」的「易」字之說，完全吻合。

綜合而言，「易」字甲骨文字形象為陽光照射，在六書應屬「會意」。《說文》以小篆形體釋「易」為守宮，則視本字為象形字；但用祕書說釋為「日月合文」，則仍屬「會意」的解釋。戰國以降，陰陽氣化觀念已極成熟，《易傳》釋《易》即多用陰陽氣化觀念，後世儒者遂以後起的

㉘ 郭沫若：〈由周初四德器的考釋談到殷代已在進行文字簡化〉，《文物》一九五九年第七期，頁一。

㉙ 嚴一萍：〈釋□〉，國立臺灣大學文學院中國文字學系編印：《中國文字》第四〇期（一九七一年六月），頁三a。

「日月合文」之說論述「易」字本誼。此一說解之遠源，應可推至戰國。

總之，讀者若以嚴一萍釋甲骨文「易」字為「雲開日出、陽光下射」象形之說，與朱駿聲及段玉裁「『易』為『易』之誤」和以「雲開見日」之義釋「易」二說互相印證，「易」字與陽光的關係，已相當明顯。讀者如再參考拙著〈論易道主剛〉之說，以及本文第三、四節所論「陰」、「陽」、「乾」、「坤」字義系統均源本於日光顯隱的自然道理，則「易」字字義的大方向，益可確定。上述這些論據，不約而同均指向相同的結論，恐非偶然。

然而，持懷疑論的學者可能仍認為，「易」字甲骨文字形源於殷商，㉚而戰國之世始有《周易》及《易》之名，上距甲骨文年代已數百年，故即使「易」字字義為陽光照射，《易》之取

㉚ 其實《周禮》所記太卜三《易》之法，已知《易》有《連山》、《歸藏》、《周易》，則《易》之源流，在周代以前，已極悠遠。近代《易》學界且早已有學者提出《易》起源於殷商甲骨卜辭之論，其說最早可能是明義士（James M. Menzies），其所著《柏根氏舊藏甲骨文字考釋》說謂「甲骨卜辭……其文或旁行左讀，或旁行右讀，亦不一律。惟各段先後之次，率自下而上為序，幾為通例；而於卜旬契辭，尤為明顯。蓋一週六旬，其卜皆以癸日，自下而上，與《周易》每卦之六爻初二三四五上之次，自下而起者同。而《周易》爻辭，亦為六段，與六旬之數尤合。疑《周易》為商代卜辭所衍變，非必始於周也。」屈萬里自張秉權處得睹明義士之說，頗贊同其說，但認為易卦應該是源於龜卜，而著成於周武王時，與明義士稍異。屈先生評論明義士說：「明義士此書，成於二十餘年前，已知《周易》為商代卜辭所衍變，可謂獨具隻眼。惟謂《周易》非必始於周，則與予說有間耳。又，勞貞一先生亦以為《易》筮之術，雖完成於周初，而由龜卜演變為《易》筮，當需一長時間之演變，非一人、一時、一地之事。其說與明義士之說暗合。」詳屈萬里：〈易卦源於龜卜考〉，《書傭論學集》，《屈萬里全集》（臺北：聯經出版事業公司，一九八四年），頁六九。

名，亦未必上用甲骨文文字的本義。對於此一問題，謹說明如下。

《周易》之取名為《易》，固未必沿用數百年前甲骨文文字的本義；但反過來說，除非反駁者有確據，否則又何以肯定後人取「易」以稱《周易》，必定與甲骨文之字義毫無關聯？《周易》之名，首見於《左傳》，即莊公二十二年記「周史有以《周易》見陳侯者」；[31]而以《易》為名，與《詩》、《書》等並列為儒家六種經典，則首見於《莊子．天運》孔子謂老聃「丘治《詩》、《書》、《禮》、《樂》、《易》、《春秋》六經，自以為久矣」，[32]以及《莊子．天下》「《詩》以道志，《書》以道事，《禮》以道行，《樂》以道和，《易》以道陰陽，《春秋》以道名分」的記載；[33]然而，吾人只能藉《左傳》、《莊子》來確知戰國之世學者已經習用《易》或《周易》來稱此書，並不能據以確定「易」名出現年代的上限在於戰國。換言之，《易》之名究竟首出於何時？是否西周初年已有？抑或晚至戰國中期以後始有？此均不能據《左傳》、《莊子》以確定。如以清代以迄近代文字學家的分析為基礎，再參考「易道主剛」之義，而推斷甲骨文「易」字字義的「血脈」，本於日光照射的「基因」，流傳百年，遂被採用以訂定《周易》之名。吾人又何能證

---

[31] 杜預注，孔穎達等正義：《春秋左傳注疏》，卷九，頁二四b。

[32] 〔清〕郭慶藩撰，王孝魚點校：《莊子集釋》（北京：中華書局，一九九六年），卷五下，頁五三一。

[33] 同前註，卷一〇下，頁一〇六七。《郭店楚簡．六德》亦提及「觀諸《詩》、《書》則亦在矣，觀諸《禮》、《樂》則亦在矣，觀諸《易》、《春秋》則亦在矣。」（劉釗：《郭店楚簡校釋》〔福州：福建人民出版社，二〇〇三年〕，頁一一五）可見戰國中期，已有《六經》之名。

其事之必無？

三、「陰」、「陽」字義探源

「陰」、「陽」二字，據先儒之說，原作「侌」、「昜」。《說文》釋「昜」字字義為「開也」，段玉裁《注》：

> 此陰陽正字也。陰陽行而侌昜廢矣。「闢戶謂之乾」，故曰「開也」。㉞

段玉裁特別指出「陰陽行而侌昜廢」，又特引《繫辭傳》「闢戶謂之乾」以解釋「昜，開也」之義，無異引「乾」之「闢戶」來證明「昜」字為「雲開而見日」之意。可見清代著名小學大師如段玉裁與朱駿聲意識到「乾」、「陽」、「昜」字義均本日光照射。至於「霒」字，段《注》云：

> 今人陰陽字，小篆作「霒昜」。「霒」者，雲覆日；「昜」者，旗開見日。引申為兩儀字之用。今人作「陰陽」，乃其中之一耑而已。㉟

《說文》「『侌』，古文『霒』省」下段《注》云：

㉞ 許慎著，段玉裁注：《說文解字注》，九篇下，頁三四a。

㉟ 同前註，一一篇下，頁一六a—b。

古文「雲」本無雨耳，非省也。36

前引朱駿聲指「陰」與「陽」，一表「見雲不見日」，一表「雲開而見日」，又謂「昜」字所从的「『勿』者，旗也，展開之象」；今段玉裁指「霒」、「昜」二字，一表「雲覆日」，一表「旗開見日」，意正相同。37那麼段玉裁、朱駿聲均以陽光的照耀與隱沒以說解「霒」、「昜」二字，是顯而易見的。

「陰」字西周金文左半从阜，與山陵有關，如《𪒠伯子盨》「其陰其陽」，字形作；《敔簋》「𡨦敏陰陽洛」字形作。又或从水，如《永盂》「錫失師永氒田陰昜洛疆」，字形作。在金文的用例，「陰」字多與「陽」字同用，十分明顯，均指相對的地理位置。故《說文》「陰」字云：

闇也，水之南，山之北也。从𨸏，侌聲。38

參考段玉裁「陰陽行而侌昜廢」一語，徐中舒評其說為「近是」。39「侌昜」為本字，其義為雲

36 同前註，頁一六b。

37 雄按：許慎《說文》釋「易」字「一曰从勿」的「勿」字，如以朱駿聲及段玉裁之說，亦宜為「旗」之皃，為「展開之象」。

38 許慎著，段玉裁注：《說文解字注》，一四篇下，頁一b。

覆日及旗開見日；後用為方位，「陽」為山之南、水之北，「陰」為山之北，水之南。故有「其陰其陽」等用法，無論是从阜或从水，均用為南北地理方位之指稱。故《說文》「陽」字段玉裁《注》說：

> 不言「山南曰昜」者，陰之解可錯見也。山南曰陽，故从阜。《毛傳》曰：「山東曰朝陽，山西曰夕陽。」㊵

從上述的分析考察，段玉裁對於指稱日光顯隱的「侌昜」字，與指稱地理方位的「陰陽」字，區分是很清楚的。

㊴ 徐中舒編：《甲骨文字典》（成都：四川辭書出版社，一九九五年），卷九，頁一〇四四。

㊵ 許慎著，段玉裁注：《說文解字注》，一四篇下，頁一b。葛兆光認為「陰」字金文从「阜」部，可能最初與地理有關；而從甲骨文字形，再參考《詩．大雅．公劉》「相其陰陽，觀其流泉」，則「至少在殷商西周時代，它就已經與天象發生聯繫了」。他又說：「如果《尚書．周官》還有西周的歷史的影子的話，那麼，『論道經邦，燮理陰陽』這句話似乎透露了，早在西周，『陰陽』就不只表示山水南北方位，而且包括了『見雲不見日』和『雲開而見日』的天象，包括了單與雙的數字，甚至包括了世上所有對立存在的一切事物的總概念，儘管這時也許還沒有自覺的歸納和理智的闡述，而只是一種普遍的無意的觀念存在。」（葛兆光：《中國思想史》（上海：復旦大學出版社，二〇〇一年），第一卷，頁七四—七五）此一推論，與本文的看法相近，惟葛氏認為「陰陽」初指地理，與本文論證「陰陽」本指日光之顯隱，並不相同。以「『見雲不見日』和『雲開而見日』的天象」說解「陰陽」二字，尤其與本文引朱駿聲、段玉裁之說相符合；但造字本義樸素，似不可能在造字之初即包括單雙數字與世上對立的總概念，此則葛兆光所未考慮。

「昜」字甲骨文有「」（甲三三四三，商代）、❹❶「」（《宅簋》，周代早期）❹❷等形，李孝定釋為「日」在「丅」上，象日初昇之形；❹❸徐中舒認為金文增「彡」，殆象初日之光綫；❹❹季旭昇釋其本義為「日陽」，何琳儀《戰國古文字典》「昜」字：

> 甲骨文……从日，从示，會日出祭壇上方之意。……《說文》：「暘，日出也，从日，昜聲。《虞書》曰：曰暘谷。」又《禮記．祭義》「殷人祭其陽」，《注》：「陽讀為曰雨曰暘之暘，謂日中時也。」亦可證昜與祭祀太陽有關。❹❺

然則學者均認為「昜」本義為日陽，陰「陽」字及「暘」谷字都與日光有關。但推源溯本，究竟「陰陽」的本義，是日光的顯隱抑或地理的方位呢？我的看法是：「陰陽」的初義應指「日光之顯隱」，古人依據日光照射方位的改變，以考察地理方位的不同，始有金文以及《詩》、《書》的用法，可以說是由天文現象的名稱，轉而及於地理的用法。期間即發生了段玉裁所謂「陰陽行而侌昜廢」的文字現象。劉長林論「陰陽」概念來源，統計了《尚書》、《詩經》和《周易》陰陽字

❹❶ 參孫海波編：《甲骨文編》（臺北：藝文印書館，一九六三年），卷九，頁三八二。
❹❷ 參周法高主編：《金文詁林》（香港：香港中文大學，一九七五年），卷九，頁五八一六。
❹❸ 李孝定編：《甲骨文字集釋》（臺北：中央研究院歷史語言研究所，一九九一年），卷九，頁二九七三。
❹❹ 徐中舒編：《甲骨文字典》，卷九，頁一〇四四。
❹❺ 何琳儀：《戰國古文字典》，上冊，頁六六一。

出現的次數以及意義，[46]亦發現其多指地理方位；但劉氏亦直指地理方位的用法主要和日光照射有關：

> 在早期文獻中，陽字表示受到日光照射而顯示出來的性態，陰字則表示未受到日光照射而呈現出來的性態。在古漢語中，日代表太陽的實體，太陽則標示日這一天體所具有的性能。因此當指稱此一天體時，用「日」；當描述其對地球表面的作用時，則稱「陽」。……總之向日為陽，背日為陰。[47]

劉氏的理解，與拙見相同；唯一尚未討論到的，是拙著〈論易道主剛〉所推論至於地軸傾斜二三．五度，以及地球與太陽的關係而已。

先秦「陰陽」觀念意義發展，約歷經四個階段。上述「日光之顯隱」以及由日光變幻轉指涉

---

[46] 他說：「在《尚書》中，陽字六見，陰字三見，均為分別使用。其義，陽字大部解作山之南，如『岳陽』、『峰陽』、『衡陽』、『華陽』、『岷山之陽』（〈禹貢〉）等。陰字或為山之北，或以『暗』作解。如『南至于華陰』（〈禹貢〉），『唯天陰騭下民』（〈洪範〉）等。《詩經》，陽字十六見，陰字十見，個別地方陰陽連用。如〈大雅．公劉〉：『既溥既長，既景迺岡。相其陰陽，觀其流泉。』此詩歌頌公劉為農作考察地利。『陰陽』指岡之北和岡之南兩面。《易經》僅陰字一見。中孚卦九二：『鳴鶴在陰，其子和之。』陰借為蔭，意鶴鳴於樹蔭之下。」劉長林：〈陰陽原理與養生〉，《國際易學研究》第二輯（北京：華夏出版社，一九九六年），頁一〇二。

[47] 同前註，頁一〇二—一〇三。

地理方位，分別屬於第一、二階段。第三階段為春秋時期發展為「陰陽氣」的觀念，但尚未推擴為統轄宇宙一切「氣」的兩大範疇。如《春秋》僖公十六年《左傳》：

> 春，隕石于宋，五隕星也；六鷁退飛過宋都，風也。周內史叔興聘過宋，宋襄公問焉，曰：「是何祥也，吉凶焉在？」對曰：……退而告人曰：「君失問，是陰陽之事，非吉凶所在也。」[48]

《春秋》昭公元年《左傳》：

> 天有六氣，降生五味，發為五色，徵為五聲，淫生六疾。六氣曰陰、陽、風、雨、晦、明也，分為四時，序為五節。[49]

上述兩段《左傳》文辭，「陰陽」都已非指地理方位，亦與日光照射與雲覆日無關，而指的是一種抽象的氣化宇宙觀念：前者認為星隕、鷁飛均屬「陰陽」自然之事；[50]後者強調「陰陽」與

---

[48] 杜預注，孔穎達等正義：《春秋左傳注疏》，卷一四，頁一四b——一五b。其後《國語．周語》亦有近似於《左傳》的用法，如「（稷）曰：陰陽分布，震雷出滯」、「陽伏而不能出，陰迫而不能烝，於是有地震。今三川實震，是陽失其所而鎮陰也。陽失而在陰，川源必塞」、「陰陽序次，風雨時至」等均是。參韋昭注：《國語》，卷一，頁二〇、二六——二七及卷三，頁一二八。

[49] 同前註，卷四一，頁二六b——二七a。

[50] 杜《注》：「陰陽錯逆所為，非人所生。」《正義》：「若陰陽順序，則物皆得性，必無妖異，故云『陰陽錯逆所為，非人吉

「風雨晦明」共為宇宙間重要的「氣」。則正如前引劉長林說：

> 古人……將凡是能與日光照射所顯性能發生「相應」、「相聚」、「相召」關係的現象，統以「陽」概括之；將凡是能與背對日光所呈性態發生「相應」、「相聚」、「相召」關係的現象，統以「陰」概括之。其中最為重要的是將天歸於陽，將地歸於陰，道理很明顯，陽光來源於日，日高懸於天；而當夜幕降臨，四野呈「陰」，此時此狀，方顯大地本色。另外，向日之陽處，雲所蒸騰升天；背日之陰所，氣化為水歸地，等等。故天為陽，地方陰。由是陰陽概念其外延得到擴展，但並非無限；其內涵變得抽象，卻更為豐富。[51]

劉氏解釋之方向，約略與個人見解頗一致，只是劉氏籠統解釋「陰陽」概念外延的擴展，本人則重在界定其四個階段的差異。唯戰國以降，下迄秦漢，「陰陽」作為氣化之概念益形明顯，演化出將「陰」、「陽」視為統轄宇宙的兩種「氣」。這是「陰陽」意義發展的第四階段。《莊子・則陽》：

凶所生也。』」同前註，卷一四，頁二三六。

51 劉長林：〈陰陽原理與養生〉，頁一〇三。楊超〈先秦陰陽五行說〉似乎認為氣化之「陰陽」觀念是由天地對立的觀念進一步發展出來，並未注意到「以陽為天，以陰為地」的觀念，必然是在陰陽氣化思想成熟了後才會有。他僅引《左傳》以為說，並未注意到「侌昜」、「陰陽」字義的演變問題。參楊超：〈先秦陰陽五行說〉，《文史哲》一九五六年第三期，頁四九—五六。

> 是故天地者，形之大者也；陰陽者，氣之大者也。[52]

以陰陽為「氣之大者」而比附於天地，則顯然非將陰陽視為六氣中的兩種所可比擬。《素問・太陰陽明論》亦以陰陽為天地之氣，一主內，一主外：

> 陽者，天氣也，主外；陰者，地氣也，主內。[53]

至《荀子・禮論》：

> 天地合而萬物生，陰陽接而變化起。[54]

亦係以「陰陽」配「天地」，而視為天地氣化絪縕相合的元素、促進萬物生而變化起的根源。[55]除了配「天地」外，也有以「陰陽」配「日月」的。《禮記・禮器》說：

---

[52] 郭慶藩撰：《莊子集釋》，卷八下，頁九一三。

[53] 《素問》（北京：中醫古籍出版社，一九九九年），卷九，頁三二。

[54] 〔清〕王先謙撰，沈嘯寰、王星賢點校：《荀子集解》（北京：中華書局，一九九七年），卷一三，頁三六六。

[55] 其後至西漢，《淮南子》發揮精氣的思想，認為陰陽是天地之氣之精。如〈本經〉：「陰陽者，承天地之和，形萬殊之體，含氣化物，以成埒類。」（〔漢〕劉安撰，何寧集釋：《淮南子集釋》〔北京：中華書局，一九九八年〕，卷八，頁五八三。又〈天文〉：「天地之襲精為陰陽，陰陽之專精為四時，四時之散精為萬物。」高誘《注》：「襲，合也；精，氣也。」（卷三，頁一六六）

大明生於東，月生於西。此陰陽之分，夫婦之位也。[56]

「大明」即太陽，「月」即太陰。故謂「陰陽之分」，而恰好昭示了自然陰陽調和而成夫婦的形象。事實上，陰陽「氣」的觀念不但統合日月之義以及夫婦之誼，也處處貫串著周代的禮儀制度。[57]

眾所周知，「陰陽」一詞之在《易經》，「陽」字未見，「陰」字則僅「中孚」九二「鳴鶴在陰」一見，且用為「蔭」字，並無抽象「陰陽」之義。「陰陽」作為《易》學概念，最早出現在《易傳》。其義訓發展所經歷的階段變化，略如上文所示。但歸根究柢，甲骨文與金文「易」字

---

[56] 鄭玄注，孔穎達等正義：《禮記注疏》，卷二四，頁七a。

[57] 《禮記．郊特牲》：「樂由陽來者也，禮由陰作者也，陰陽和而萬物得。」（同前註，卷二五，頁一〇a）又《白虎通德論．禮樂》：「樂言作，禮言制何？樂者，陽也，陽倡始，故言作；禮者，陰也，陰制度於陽，故言制。樂象陽，禮法陰也。」（〔臺北：臺灣商務印書館，一九六六年影印《四部叢刊初編》本〕，卷二，頁一七下）就禮之飲食祭祀而言，「食」屬陰，「飲」屬陽；「無樂」屬陰，「有聲」屬陽。《禮記．郊特牲》：「饗禘有樂，而食嘗無樂，陰陽之義也。凡飲，養陽氣也；凡食，養陰氣也。故春禘而秋嘗，春饗孤子，秋食耆老，其義一也，而食嘗無樂。飲，養陽氣也，故有樂；食，養陰氣也，故無聲。凡聲，陽也。」（卷二五，頁八a—b）陰陽之義除了反映在禮樂之別上，也反映在治事的日數之上，而分剛柔。《禮記．曲禮》：「外事以剛日，內事以柔日。凡卜筮日，旬之外曰遠某日，旬之內曰近某日。喪事先遠日，吉事先近日。曰為日假爾泰龜有常，假爾泰筮有常。卜筮不過三，卜筮不相襲。」（卷三，頁一四b—一五a）筆者別有〈易象覆議〉（發表於山東大學易學與中國古代哲學研究中心主辦「早期易學的形成與嬗變國際學術研討會」，二〇一一年十月十三—十五日）一文，於此問題有所討論。

字義，與「易」字同有日光照射的含義（「侌」則指雲蔽日），是清代以迄近當代古文字學家多贊同，略無異議，而筆者及劉長林等當世治《易》者亦已有所闡述，其意義可以確定。至「陰陽」一詞在《詩經》、《尚書》，則多用為地理方位之指示，嚴格而言，與《易經》陰陽爻、《易傳》陰陽氣化之「陰陽」，均沒有直接關係。就《易傳》而言，「陰、陽」兩觀念的意義發展至為豐富，既汲取了「日光顯隱」的原理，亦推擴至於「氣」的宇宙論。[58]至戰國下迄秦漢，陰陽作為天地形象之表述，其意義範疇益形閎大，如《禮記．禮運》亦謂「天秉陽垂日星，地秉陰竅於山川」，[59]即日星亦為陽氣之所化。

龐樸在〈《周易》古法與陰陽觀念〉說：

> 天之陰陽的認識，如時之晝夜，地之向背，年之冬夏，氣之冷暖，諸如此類的感性認識，當然也會很早便有，但由之上升到理性的對立，上升為陰陽一般，則絕非輕而易舉之事。《易傳》上大量使用的陰陽二字，《詩經》中早就用了；但陰陽在《易傳》上是一對牢籠天地的範疇，在《詩經》中只不過是表示山岡和太陽關係的兩個名詞而已。這裡的差別，不是源於人

---

58 《繫辭傳》：「一陰一陽之謂道。」又說：「乾，陽物也；坤，陰物也。陰陽合德，而剛柔有體，以體天地之撰，以通神明之德。」又說：「精氣為物，游魂為變。」《繫辭傳》作者之意，陰陽之精，合撰而生萬物，屬乾者為陽物，屬坤者為陰物。至後二句尤在於解釋「生死」的問題（包括一切動植飛潛），認為陰氣陽氣變幻，促使具有生命萬物，有始有終，有聚有散。

59 鄭玄注，孔穎達等正義：《禮記注疏》，卷二二，頁五b。

的智慧高低，而僅僅是由於時間的先後不同。認識領域裡的事，尤其是無法一蹴而就的。[60]

泛觀古代經典中觀念的發展，龐樸的解釋看似言之成理；然而解構其立論基礎，亦不免局限於唯物史觀的基本預設，故論古代思想必取實證，愈上溯古代則文明必然愈樸素。《詩》、《書》中之「陰陽」二字，固然用為地理方位的指稱；但抽象意義的「陰」、「陽」意識（未必寄託於「侌昜」二字），豈能說西周以前絕無出現之可能？推龐樸先生之意，難道先民抽象之思維，必然全部反映於有形之文字？而現存古文物所記錄之有形文字，就能完整表述先民抽象思維的全部內容嗎？孔子儘管明瞭「文獻不足徵」，卻自信「夏禮」、「殷禮」「吾能言之」，孟子說「盡信《書》不如無《書》」，不也給了後人某一種在實證主義之外，「博學深思，心知其意」的啟示？難道我們不應該考慮其他的因素，而逆探殷周之際尚陽尚陰的意識是否有絲毫殘存於殷周二民族文化遺產及其政治典冊？

《周易》與《詩經》、《尚書》同屬周王朝重要冊籍，故多屬政治訓誨之內容，而同為後世儒者列為儒家經典，[61]但《易》之為書，顯而易見，是獨立於《詩》、《書》之外的另一套知識體

---

[60] 龐樸：〈《周易》古法與陰陽觀念〉，《文化一隅》（鄭州：中州古籍出版社，二〇〇五年），頁四〇七。

[61] 如上文引述，《易》與《詩》、《書》等並列《六經》之名始見於《莊子．天運》，立於學官則更晚至西漢；然而《左傳》記韓宣子聘魯，見《易》象與魯《春秋》，曰「周禮盡在魯矣」。那麼《易》象為西周禮文之屬，亦即周朝政治教化之權威性典冊，是不容置疑的。

系。《周易》中許多占斷語，如悔亡、貞吝之類，都不是《詩》、《書》的尋常語言，尤可證明此經之獨特。因此，以《詩》、《書》用為地理方位的「陰陽」二字，以論證《易經》中牢籠天地的「陰陽」觀念必然興起於《易傳》之後，並不一定能成立。我的推斷，三《易》的傳統，指涉「時之晝夜、地之向背、年之冬夏、氣之冷暖」的「侌昜」觀念，必然早在揲蓍定數的方法之前即已出現；但這樣的觀念，未必寄託於「侌昜」二字，更未必像龐樸所說的那樣「感性」而不「理性」。古人見日光顯隱的循環，而推想到春秋代易、冷暖循環，甚至影響到自然與人文生命的各種變幻如生死、禍福、順逆等，遂而悟出一番道理，其間豈能說全無「理性」的認識？62 孔子說：

> 逝者如斯夫，不舍晝夜。63

---

62 《周易》卦爻辭中即有「初終」之觀念，是《彖傳》、《繫辭傳》中「終始」觀念的來源。「終始」固然較「初終」含有更豐富的哲理意涵，但吾人卻不能否定「初終」觀念與經文共同闡述的往復終始，是一種抽象思想。說詳拙著：〈論《易》傳對《易經》哲理的詮釋——辭例、易數、終始觀念〉，北京大學國際漢學家研修基地主編：《國際漢學研究通訊》第三輯（北京：北京大學出版社，二〇一一年），頁五九—七九。另有一拙著“Speculating Upon the Philosophy of “Changes”: On the Notion of Time and the Diversities on Meanings”，發表於筆者二〇一一年在荷蘭萊頓大學主辦之國際學術研討會“Reading Matters: Chinese and Western Traditions of Interpreting the Classics” (IIAS, Leiden University, 10-11 June, 2011) 有更詳細的分析。

63 《論語·子罕》。參〔魏〕何晏注，〔宋〕邢昺疏：《論語注疏》（影印阮元校刻《十三經注疏附校勘記》本），卷九，頁七b。下文所引《論語》皆據此本，不另出注。

後世也沒有解經者認為孔子此語純為感性喟嘆，而沒有理性思考在其中。至於運用揲蓍之法，運數而成卦，而「歸奇於陽、納偶入陰」，❻❹那恐怕是在單純的「侌昜」觀念發展為較複雜的「陰陽」觀念以後的事，但這也不會太晚。如果考慮中古學者傳述的殷《歸藏》與清儒所輯佚的文獻有可取的價值，則《歸藏》已有的六十四卦（卦名與《周易》有同有異），其背後必然已有一套成卦的揲蓍定數之法，或為大衍，或為六峇，❻❺雖不可知，但其事卻是可以確定的。

四、「乾」、「坤」字義探源

「乾」、「坤」二字，《易經》首卦「乾」（純陽卦）字，不見於甲骨文和金文，而始見於戰國文獻，似乎出現頗晚。但古代文獻對於《歸藏》立「坤乾」為首，歷有明文，❻❻似又顯示殷商

❻❹ 龐樸：〈周易古法與陰陽觀念〉，頁四〇八。

❻❺ 關於「六峇」的討論，並參龐樸：〈周易古法與陰陽觀念〉第三節「六峇中的數謎」，頁三九九—四〇〇。

❻❻ 《禮記．禮運》：「我欲觀殷道，是故之宋而不足徵也，吾得《坤乾》焉。」鄭《注》：「得殷陰陽之書也，其書存者有《歸藏》。」（鄭玄注，孔穎達等正義：《禮記注疏》，卷二一，頁八a）被研究者直接視為《歸藏》的王家臺出土簡本《易》，卦名大致與清儒輯佚《歸藏》相同。然而「坤」卦卦畫「巛」旁有「寡」字，似即「坤」卦卦名，形體未有「土」或「申」之部件，但依其形體，略似「順」字之或體，王引之《經義述聞》即以「地勢順」之「順」為「坤」字之同音字，馬王堆帛書《周易》「坤」卦作「川」，可參證。秦簡「乾」卦卦畫旁則有「天目」二字，未見「乾」之名，故王

時期即已有「坤」、「乾」之名。《說文》釋「乾」為「上出也」，季旭昇認為「不知其義為何」。事實上，「上出也」三字，段玉裁是有解釋的：

> 此乾字之本義也。自有文字以後，乃用為卦名。而孔子釋之曰：「健也。」健之義生於「上出」。上出為乾，下注則為濕。故乾與濕相對。俗別其音，古無是也。67

段《注》的解釋非常清楚。季旭昇引《睡虎地秦簡》五〇．九二：「比言甲前旁有乾血。」釋「乾」字本義為「乾燥」，也可能是參考了段《注》「上出為乾，下注則為濕。故乾與濕相對」解釋的緣故。但細究「乾」字，亦疑與日光有關。「乾」字从「倝」為聲符，而「倝」字金文作「」（《金文詁林》八八九）、《包山楚簡》作「」，《說文》釋「倝」字：

> 日始出光倝倝也。从旦、㫃聲。凡倝之屬皆从倝。68

季旭昇解釋其形體，說：

> 「倝」字始見戰國，从昜、㫃聲。昜為日在丂上，和「倝」義近，因此可以做「倝」的義

明欽列表，即以該卦卦名為「天目」。參王明欽：〈王家臺秦墓竹簡概述〉，艾蘭、邢文編：《新出簡帛研究：新出簡帛國際學術研討會論文集》，頁二二—三九。則《坤乾》之名，尚未有地下實物以為證。

67 許慎著，段玉裁注：《說文解字注》，一四篇下，頁二〇a。

68 同前註，七篇上，頁一四b。

符。❻❾

「倝」以「昜」為義符，「乾」以「倝」為聲符，而其意義，都和日光有關。考慮《易經》之「易」、「昜」二字，都是日照之象形，《易經》以「乾」列首卦，「倝」的左偏旁又為「日在丂上」，則「倝」不應只是「乾」的聲符而已，而應該是聲符兼為義符。❼⓿

故綜合上文，「易」、「昜」、「乾」三字字義均與日光之照射的自然現象有關。此三字之字義，與拙文〈論易道主剛〉意旨恰相符合。《易》理關鍵，主要在於白天與黑夜的區別，即決定於日光的顯現與隱沒，故指涉太陽的「易」、「昜」、「乾」三字，均反映《易》理最核心的概念。《易經》以「乾」為首卦，「乾」六爻皆陽。「乾」字字義，與「易」、「昜」、「倝」本義又皆指日光。「易」、「昜」、「乾」、「倝」顯現隱沒的循環，所構成的白天黑夜的變易，即成為《易》的基本原理。段玉裁和季旭昇以「乾燥」解釋「乾」字，自是合理的推斷，因為萬物乾燥，主要即由

❻❾ 季旭昇：《說文新證》，卷七上，上冊，頁五四一。

❼⓿ 徐少華〈上博八所見「令尹子春」及其年代試析——兼論出土文獻整理與解讀中的二重證法〉（國立臺灣大學中國文學系主辦「出土文獻研究方法國際學術研討會」，二〇一一年十一月二六—二七日）指出《上海博物館藏戰國楚竹書(六)》〈平王與王子木〉簡一——五內容關於「競坪王命王子木□」的記載，和《說苑．辨物》的內容相似。其中簡文「城公倝瓜」即《說苑》的「成公乾」，並引《說文》「乾」字的訓解，稱「倝」、「乾」二字音同義通。徐教授的論證，亦為本文「倝」非僅「乾」之聲符，提供一佐證。

日光曝曬所致；[71]《莊子・逍遙遊》所謂「十日並出，萬物皆照」，與自然現象中旱季日照猛烈而導致山林大火，可以互喻。古今中外各民族通用保存食物防止腐敗的方法，即利用日光曝曬蔬菜與肉類，脫除水份，也有助於理解「乾」本兼有日光倝倝及乾燥之義。

「乾」有日光之義，以詮釋角度考察，尚有餘義，可以論述。如本文及本書第貳篇所述，中國經典傳統，多依緣於經典中一字一詞之核心意義，加以發揮演繹，而創造新義。故字書所指某字之本誼，在經典中往往用為新義，而未必謹守本義。以《周易》「乾」卦而論，「乾」之為卦名，全卦即圍繞「乾」之意義發展，而引申出「龍」、「君子」之象。以《彖傳》「乾元」、「坤元」二概念考察，卦名之出現，亦決不晚至戰國。[72]即就「乾」卦而言，「元亨利貞」四字，亦不用本義。「元」字甲骨文字形（一期，前四・三二・四）、（一期，林二・二八・一一）、（一期，前四・三二・五），應為會意字，會「人首」之意。故該字字義有生命元首、開始之意，《說文》即釋為「始也」；但用為「元亨」一詞，則必不可能指人首，而必引申為

[71]《詩・小雅・湛露》「湛湛露斯，匪陽不晞」，《毛傳》：「陽，日也；晞，乾也。」（〔漢〕毛亨傳，〔漢〕鄭玄箋，〔唐〕孔穎達等正義：《毛詩注疏》〔影印阮元校刻《十三經注疏附校勘記》本〕，卷一〇之一，頁九b）這兩句詩的意思是：沒有陽光的話，露水就不會乾。恰好可以作為旁證。

[72]「乾」卦《彖傳》：「大哉乾元」，即是作者截取卦名「乾」字與卦辭「元亨利貞」之首字，合而成「乾元」此一新概念；「坤」卦《彖傳》：「至哉坤元」，即是作者截取卦名「坤」字與卦辭「元亨」之首字，合而成「坤元」此一新概念。此充分證明，《彖傳》撰著之時，卦辭之前已有卦名；而卦名之起，決不晚於戰國。

「大」或至尊至貴至為重要之事物。

次如「亨」字，甲骨文作、，原與「享」字相同，本作「亯」，或謂象宗廟之形狀，❼❸又同「饗」字。❼❹《說文》：

亯，獻也，从高省，象孰物形。《孝經》曰：「祭則鬼亯之。」

段玉裁《注》：

《禮經》言饋食者薦孰也。……亯象薦孰，因以為飪物之偁，故又讀普庚切。亯之義訓薦神，誠意可通於神，故又讀許庚切。古音則皆在十部；其形，薦神作亨，亦作享。飪物作亨，亦作烹。《易》之元亨，則皆作亨，皆今字也。❼❺

❼❸ 其上之三合形狀，似與「命」、「令」字之上部結構相同，為口部的倒形，則會鬼神受亯之意。

❼❹ 參段玉裁〈亯饗二字釋例〉：「凡字有本義，有引伸之義，有叚借之義。《說文解字》曰『亯者，獻也。从高省，曰象進孰物形』，引《孝經》『祭則鬼亯之』，是則祭祀曰『亯』，其本義也。故經典『祭亯』用此字。引伸之，凡下獻其上亦用此字。而燕饗用此字者，則同音叚借也。《說文解字》又曰『饗者，鄉人飲酒也。从食，从鄉，鄉亦聲』，是則鄉飲酒之禮曰『饗』。引伸之，凡飲賓客亦曰『饗』，凡鬼神來食亦曰『饗』。而祭亯用此字者，則同音叚借也。」（《經韵樓集》，卷一一，頁二一a）

❼❺ 許慎著，段玉裁注：《說文解字注》，五篇下，頁二八b。

祭祀以鼎烹肉，以飪物之香氣上達鬼神是為「亯」，下亯上達，故「亨」、「享」、「亯」均有通達之意，即段《注》所謂「誠意可通神」。

「利」字甲骨文（一期，人一〇九四）、（三期，通七三三），本會以耒翻耕泥土之意，耒耜須鋒鋭，始利於翻土播穀種禾，故引申為便利之意。故甲骨卜辭除人名、地名之用法外，多用為「有利於」、「不利於」之意，均有「吉利」的含義，如「不利其伐利」（前二・三・一）、「庚戌卜王曰貞其利又馬」（後下五・一五）。[76]《說文》：「利，銛也，刀和然後利。从刀，和省。」[77]則是據篆體字形以為說。

「貞」字甲骨文（一期，南南二・九）、（一期，鐵四五・二）、（二期，京三一三三），本即「鼎」字，而在卜辭中常用為「占問」之義。[78]但其後於《周易》中，語義發展為守常不變，或貞定不移。據屈萬里考定，在卦爻辭中，「貞」字即不能釋為「占問」，而應釋為「守其素常不變」。[79]揆諸事實：《易》道尚剛，《易經》主變，唯人類生活，不可能以追逐

[76] 參徐中舒編：《甲骨文字典》，卷四，頁四七一—四七二。
[77] 許慎著，段玉裁注：《說文解字注》，四篇下，頁四二b。
[78] 參徐中舒編：《甲骨文字典》，卷三，頁三五〇—三五一。
[79] 關於「貞」字不釋為「占問」而應釋為「守其素常不變」之義，說詳屈萬里〈說易散稿〉，《書傭論學集》，頁二九—三二。《釋名・釋言語》：「貞，定也，精定不動惑也。」（〔漢〕劉熙：《釋名》〔臺北：臺灣商務印書館，一九八三年影印《文淵閣四庫全書》，第二二一冊〕，卷四，頁五b）《荀子・不苟》「行無常貞」（王先謙撰：《荀子集解》，卷二，頁

「變」為人生目標，而必於變遷之中求其不變之規則，如陰陽變化，往來消息，無時或已；但知其往來消息循環不已之法則，則可以趨吉避凶。故「貞」字「守其素常不變」之義，應該是源出於「占問」的原理。

正如「元亨利貞」四字在卦爻辭中並不用本義而是用引申義而言，[80]「乾」字的情形亦大致相同。故「乾」字本義為日光，但用於本經，六爻爻辭均未提及日光之義，而均闡述「龍」德的變化。「龍」為自然之陽物，「乾」九三「君子終日乾乾」則引申到人文的「君子」，以喻象君子剛健不息的精神，呼應太陽往復循環、亙古不息的原理。此亦《周易》聯繫自然人文義理的一證。這種情形與「元亨利貞」四字之義均發揮文字的引申之義而非用字源之本義，是相同的。

以上分析「乾」、「易」、「陰」、「陽」諸字皆與日光有關，唯獨「坤」字首出現於戰國，字義似與以上四字無關，古文字學家亦多不知其本義。《說文》稱：

> 坤，地也，《易》之卦也，从土申，土位在申也。[81]

五一），亦素常不變之意。

[80] 關於「元亨利貞」的說解，黃慶萱先生亦有精闢的說解。讀者亦可參黃慶萱：《乾坤經傳通釋》（臺北：三民書局，二〇〇七年），頁三—六。

[81] 許慎著，段玉裁注：《說文解字注》，一三篇下，頁六八二。

只能說「坤」是《易》之卦名。王家臺出土《歸藏》「坤」卦亦未見「坤」字的形體，[82]傳統說《易》者認「坤」本字為「巛」，王引之《經義述聞》提出異議。王氏首先引諸家說解云：

> 坤，《釋文》：「坤，本又作『巛』，『巛』，今字也。」毛居正《六經正誤》曰：「『巛』字三畫作六段，象小成坤卦。『巛』，古坤字。陸氏以為『今字』，誤矣。」鄭樵〈六書略〉曰：「坤卦之☷，必縱寫而後成『巛』字。」

接著以「引之謹案」的按語說：

> 《說文》：「坤，地也。《易》之卦也，從土從申，土位在申。」是乾坤字正當作「坤」。其作「巛」者，乃是借用「川」字。考漢孔龢碑、堯廟碑、史晨奏銘、魏孔羨碑之「乾坤」，衡方碑之「剝坤」，郙閣頌之「坤兌」，字或作𡿦，或作巛、或作𫶧，皆隸書「川」字。是其借「川」為「坤」，顯然明白。「川」為「坤」之假借，而非「坤」之本字。故《說文》「坤」字下無重文作「巛」者。《玉篇》「坤」下亦無「巛」字，而於「川」部「巛」字下注曰：「注瀆曰川也。古為坤字。」然則本是「川」字，古人借以為「坤」耳。

王氏考釋字形後，又從八卦字形相同的基礎，指出：

---

[82] 參本文註[66]。

> 淺學不知，乃謂其象坤卦之畫，且謂當六段書之。夫「坤」以外，尚有七正卦，卦皆有畫，豈嘗象之以為「震」、「巽」、「離」、「坎」等字乎？甚矣其鑿也！83

王氏的分析，釐然有據。且以七正卦均無象三爻之形狀的寫法，以證明「坤」卦不得獨異，以內證法說明，尤具有比較方法的基礎。然而近世出土的《易》卦或數字卦材料，陰爻皆作「八」或「∧」。如係「坤」卦，即作「仌」，如藏《上海博物館戰國楚竹書》（以下簡稱上博簡本）《周易》「師」卦即作仌六。84外卦的形體，恰好是「巛」的側傾。參考「坤」字在出土文獻中的形體，王引之「『巛』本為『川』」、「借『川』為『坤』」的說法，可能必須重新考慮，也就是說，「坤」之書為「巛」可能不是單純的為「川」的假借。「川」字形與「仌」相似，又與「陰」的日光掩抑、烏雲覆日的形象有關。如果此一假設可以成立，那麼漢孔龢碑、堯廟碑、史晨奏銘、魏孔羨碑、衡方碑、郙閣頌的「坤」字作「巛」或「巛」（即「川」字），其實都是「巛」字形變的結果。那麼我們有理由相信，古人原書「坤」作「仌」或「巛」，都以出土《易》卦、數字卦的陰爻「八」、「∧」為基本元件。其後造為「坤」字，特別從閃電闡發「陰」的意義（詳下）；由「巛」改寫為「川」字，又再從中引申出「水」的含義。這恐怕已是戰國道家「水」宇宙觀成

---

83 詳〔清〕王引之：《經義述聞》（南京：江蘇古籍出版社，二〇〇〇年），卷一，頁四b—五b。

84 馬承源主編：《上海博物館藏戰國楚竹書㈢》（上海：上海古籍出版社，二〇〇三年），頁一九。

熟以後的事。85

回來討論「坤」字。古文字學家或以「坤」象地，故从「土」，但何琳儀《戰國古文字典》列戰國時期「坤」字有「」、「」、「」諸形，偏旁从「立」：

戰國文字坤，从立，申聲。申，或歸諄部，則申非聲。86

由於古文字偏旁从「土」、从「立」，偶有相混，87因此戰國「坤」字諸形从「立」，亦不能確認其本形不从「土」。當然，即使其本形从「立」，「立」字本義為一人站立於地上之形，亦與「土地」的意義有關。88而其偏旁的「申」字，甲骨文作「」、「」、「」諸形，則本為閃電之形。89此可見「坤」字的字義，必與閃電有關。葉玉森稱：

甲骨文「申」字象電燿屈折形，《說文》「虹」下出古文「蚺」，許君曰：「申，電也。」與訓

85 拙著〈從《太一生水》試論《乾．彖》所記兩種宇宙論〉曾提及王引之的推論可能錯誤，但未予申論。謹以本文補論。該文刊武漢大學簡帛研究中心主辦：《簡帛》第二輯（上海：上海古籍出版社，二〇〇七年），頁一三九—一五〇。

86 參何琳儀：《戰國古文字典》，下冊，頁一一二〇。按：王筠《說文句讀》亦認為當从「申」聲。〔清〕王筠：《說文句讀》（北京：中國書店，一九八三年影印一八八二年尊經書局刊本），卷二六，頁一一b。

87 如「地」字，先秦文字多从「土」，但戰國文字亦有訛為从「立」的例子。參季旭昇：《說文新證》「地」字條，卷一三下，下冊，頁二三一。

88 同前註，卷一〇下，下冊，頁一三一。

89 季旭昇《說文新證》，卷一四下，下冊，頁二九一）與何琳儀（《戰國古文字典》，下冊，頁一一一九）說法相同。

「申，神也」異。故「申」象電形為朔誼，「神」乃引申誼。[90]

按「神」字，金文作「」（《寧毁》）、「」（《宗周鐘》）、「」（《興鐘》）等形，[91]均為「示」旁加一象閃電形態的「申」字。故古文字學家有「申、神、電三位一體」之說。田倩君說：

「申」之本義，即神靈也。此乃古人見天象變化，於敬畏之下造成此字，作為膜拜之徵象。《禮記．禮運》《注》：「山林川谷邱陵能出雲為風雨，皆曰神」。……「神」从示申；申，電也。電變化莫測，故稱之曰神。神之示旁亦為周時所加，見「宗周鐘」「神」。「電」字周以前無「雨」旁，祇作「申」；「神」字周以前無「示」旁，祇作「申」。此乃「申」、「電」、「神」三位一體之明證。[92]

「申」、「電」、「神」三位一體之理，均本諸閃電。閃電是雲端與地面陰陽電極交流而產生，以水氣積聚於天上成雲，作為起始點。對古人而言，神道設教，「坤」之「順承天」，正好借取从「申」的「坤」字，以喻雷電交加、神靈降格的具體形象，而其含義，則與「霒」之「雲覆日」

[90] 詳葉玉森：《殷虛書契前編集釋》（臺北：藝文印書館，一九六六年），卷三，頁二〇。

[91] 均見戴家祥主編：《金文大字典》（上海：學林出版社，一九九五年），頁三一二八。

[92] 詳田倩君：《中國文字叢釋》（臺北：臺灣商務印書館，一九六七年），「釋申電神」，頁三五七。

相呼應。蓋「雲」之「覆日」，恰好是「閃電」現象的必要基礎。可以肯定，以閃電的形象造為「坤」的字形，與以閃電形象造為「電」、「神」等字形一樣，「申」作為符號，既取其聲，亦取其義。「坤」字本義，固然為《易》卦之名；而其造為此字時所襲取之義，既與「霒」的雲覆日有關，又同時象徵自然界飛潛動植各種生物所站立的地面，承受著天象閃電的力量。拙文〈從《太一生水》試論《乾·彖》所記兩種宇宙論〉曾透過分析先秦道家以「水」為中心之宇宙論，提出可能性，認為傳統學者解說「坤」字本作「巛」並通「川」字，實反映此種宇宙論，結合了「坤」義的雷電閃耀、「陰」義的雲氣覆蓋，以及「川」義的百河競流。這種種現象，恰好與「易」、「易」、「乾」所反映的陽光普照的意義為相對。故「乾陽」之與「坤陰」相對，陽光普照之象之與雲雷陰雨之象相對，都有其自然宇宙觀的來源。「坤」卦《彖傳》：

> 至哉坤元，萬物資生，乃順承天。[93]

綜合研判，「坤」有地之象，卻又並不純粹指「地」，而蘊涵大地上承天象力量的隱喻。《易》以「坤」為卦名，而其字鮮少見於其他的經典文獻，但究其精神含義以及在自然哲學上的價值與重要性，卻與「乾」、「陽」所指的日光，並無二致。以此考察，「陰」、「陽」之義本指日照的有與無，再引申則指地理位置的南與北。「陰」、「陽」兩觀念之組合與構成，即表述了萬物生命既受

[93] 王弼、韓康伯注，孔穎達等正義：《周易注疏》，卷一，頁二二a。

大地所承載，而充盈於乾（天）坤（地）之間的陽光雷雨，即共同構成萬物賴以生長的大自然環境，讓人類和萬物得以在其中生生不息。今本《易經》以「乾」、「坤」居首，以之代表陰陽之義，就突顯了這一道理。[94]

《易》「乾」、「坤」字義，已如上述；但如本文所強調，字義雖反映《易》之自然哲學原理，但經文所用，則多為引申義。《易》本象教，[95]故「乾」、「坤」爻辭，亦均屬「象」辭，故不用卦名文字之本義，而是遠有所引申。「乾」以「龍」為喻象，故初、二、四、五、上爻及用九皆繫以「龍」。[96]但以「乾」九三「君子終日乾乾」，可證「龍」喻「君子」，而多引申飛躍進

---

94 《歸藏》和王家臺秦簡的《易》卦卦名頗與今本《周易》不同，長沙馬王堆帛書《周易》卦序與今本亦異，可能都代表了另一種占筮的系統。筆者擬另文討論。

95 據玉函山房輯佚書本《歸藏》內容，證之以王家臺秦簡，《歸藏》多神話迂怪之說，此即以抽象神話指涉人事，為象教的一種，故《文心雕龍．諸子》稱：「《歸藏》之經，大明迂怪，乃稱羿彈十日，常娥奔月。」（〔梁〕劉勰撰、范文瀾注：《文心雕龍注》〔臺北：臺灣開明書店，一九九三年〕，卷四，頁一七b）《左傳》僖公十五年：「龜，象也；筮，數也。物生而後有象，象而後有滋，滋而後有數。」（杜預注，孔穎達等正義：《春秋左傳注疏》，卷一四，頁一一a—b）《繫辭傳》本有「《易》者，象也；象也者，像也」之說，至為明顯，又有「《易》有四象」、「聖人立象盡意」、「聖人設卦，觀象繫辭焉而明吉凶」、「象者，言乎象者也」、「象其物宜，是故謂之象」、「以制器尚其象」、「見乃謂之象，形乃謂之器」等言論，均可見《易》以象教。

96 學者或指二卦喻天象，如 Edward L. Shaughnessy, "The Composition of 'Qian' and 'Kun' Hexagram of the *Zhouyi*," in Shaughnessy, *Before Confucius: Studied in the Creation of the Chinese Classics* (Albany, N. Y.: SUNY, 1997), pp. 197-219，亦僅能備一說。回歸卦爻辭內容，則「乾」絕不指天象。

取、剛健不息的精神。「坤」卦本字雖有閃電之義，但爻辭「履霜」、「含章」、「括囊」、「黃裳」，均闡述柔順、卑下、隱伏之理。[97]此外，「乾」中有「坤」，故「乾」初九有「潛龍」之象；「坤」中有「乾」，故「坤」上六有「龍戰于野」之象。《周易》原為古代政典，為《六經》之一種，故經文多含教化意義。其意義則多以字詞為核心，由字詞「本義」漸次演繹出「引申義」，以申教化之種種理論，敷章揚厲，排比辭藻，合為篇章，遂成龐大繁複的「意義群」。故《易經》經文，字義適可反映其自然哲理；但經文則多用引申義，申述政治教化的義涵。二者宜比合並觀，庶可考察經典詮釋傳統的演變。

五、結論

本文考訂「易」、「陰」、「陽」、「乾」、「坤」五字，認為「易」為日照之象，與「易」字字義相同。古人當然不可能先確認「易」字本義，然後稱《周易》為「易」；但即使《易》之名出現很晚，其書之所以稱「易」，亦絕非象守宮之形，也不是日月合文，更不是部分古文字學者所說的「交易」的意思的引申，而是沿襲了甲骨文「易」字本為陽光照射的本義。「陰陽」字本作

[97] 關於「坤」卦卦爻辭的政治意涵，我別有一個本於殷周之際朝代遞嬗的歷史解釋。說詳拙著：〈從遺民到隱逸：道家思想溯源——兼論孔子的身分認同〉，《東海人文學報》第二二期（二〇一〇年七月），頁一二五—一五六。

「侌昜」，其義分別為「雲覆日」與「雲開見日」，《詩》、《書》之「陰陽」多用指地理方位，《易》家則取二字用以指乾坤氣化之德。至於「倝」則為「乾」的聲符兼義符，「坤」从「立」从「申」而為閃電之形體。出土《易》卦及數字卦陰爻作「八」、「𠆢」，可能正是「巛」、「川」、「水」字字形的重要來源，傳統學者指「坤」字古作「巛」，恐非誤說。

綜合而言，「昜」、「易」、「陽」、「乾」、「倝」諸字均與日光照射有關；「坤」、「陰」二字，字義相喻，共為陰雨雷電之象。「天尊地卑，乾坤定矣」，乾坤為天地之象，而陰陽則為乾坤氣化之體。乾坤、陰陽，以日光顯隱之理為基礎。一陰一陽，決定了自然的循環。一天由白天與黑夜構成，四季日光的強與弱（陰陽老少）則標誌了一年的循環。太陽照耀的力量，為大地四季冷暖交替的樞紐；而陰雨雷電的力量，也是大地動植飛潛所賴以生存的元素。以此觀察《易經》「乾」、「坤」二卦，並立為六十四卦之首，為《易》之「門戶」的原理，均與「陰」、「陽」有關，從自然之理，進而發揮出以政治教化為中心的人事之理。從字義上理解《易經》的宇宙論，與戰國以降《易傳》及諸子文獻相印證，以考察經典觀念的演繹，實其宜也。

貳、從卦爻辭字義的演繹論《易傳》對《易經》的詮釋*

一、問題的提出

一部東亞儒學史，可以說也就是一部東亞儒家經典詮釋的歷史。後儒對經典持續不斷的詮釋與再詮釋，其整體內容必然同時包括經典文本的價值與內容，以及詮經者自身的思想，而層累成為一個源遠流長的傳統。從這個角度看，當一部書引起了世人的共鳴，而被詮釋注解，其思想內涵必然影響了詮解者（「經」影響了「傳」）；而同時解經之「傳」，受限於與「經」的時代不同，

* 本文原刊《漢學研究》（臺北：漢學研究中心）第二四卷第一期（二〇〇六年六月），頁一—三三。本文用「演繹」一詞，是取傳統漢語的義涵，並非邏輯學上的 deduction。朱熹〈中庸章句序〉：「於是推本堯舜以來相傳之意，質以平日所聞父師之言，更互演繹，作為此書。」（〔宋〕朱熹：《四書章句集注》〔北京：中華書局，一九九六年〕，頁一五）在這裡「演繹」有聯繫、推衍的意思。本文用的正是此一義。

其對經典原文的解釋，必然有符合原義和不甚符合原義的部分。其中不符合原義的部分，成因甚多：有可能是注經者想解決其自身的時代問題，也有可能是注經者想特別發明「經」的某一層意義。無論如何，注經者的思想不可能完全符合「經」的「原義」（假定真的有所謂「原義」），也不可能和「經」的意旨完全無關（「傳」承繼了「經」）。一旦「經」與「傳」聯繫起來成為一個傳統，並對後世發生進一步的影響，該部經典（包含經傳）即占據了一種論述的主流。這時候對於「經傳」而言，「原義符合與否」，即成為次要的問題。尤以時代久遠，日斯月邁，那怕後人費盡文辭，亦不可能改變一種論述曾對經學史或思想史產生過重大影響的事實。因此，後世學者除非選擇不去參與這個儒家經典詮釋的傳統，只要他決定要詮某一部經典，就注定無法輕率地全盤推翻傳統的經說。

《十翼》是最早解釋《易》卦爻辭的著作，在經典詮釋史上，理應占有無可動搖的地位，無可置疑地成為後世學者理解《易經》經義的津梁。然而，很不幸地，作為《五經》之首的《易經》，在近一個世紀以來就被無數學者將之從《十翼》中切割出來，將它對於《易傳》內容及思想體系的影響力，完全抹殺。至於以詮解《易經》為主要任務的《十翼》，則被研究者從「經」的內容上一刀切斷，被限縮到完全不能和「經」發生任何意義的聯繫。「經傳分離」，被二十世紀的《易》學研究者視為治《易》的基本前提。❶這個前提，包括下列三種觀點：

❶ 參拙著：〈二十世紀初《周易》「經傳分離說」的形成〉，收入劉大鈞編：《大易集奧》（上海：上海古籍出版社，二〇〇四

(一)認為《易經》為卜筮之書

《易經》為卜筮之書的論點，為古史辨時期學者如錢穆、顧頡剛、李鏡池、高亨等普遍的信念。向上追溯，北宋歐陽修《易童子問》早已對《易傳》提出種種懷疑，❷但僅集中辨析《十翼》非盡孔子所作。崔述《考信錄》踵事增華，提出更多論據，說明《易傳》非孔子所撰著。大約一個世紀之後，錢穆先生亦於一九二八—一九二九年發表了〈論十翼非孔子作〉。❸但這些論述，不過離析《易傳》與孔子的關係而已。唯錢先生指《易傳》頗有道家及陰陽家言，開啟後來學者申言《易傳》義理並不來自《易經》而是來自諸子學說，且後來學者的言論愈趨激烈。一九二六年十二月顧頡剛開始撰寫《周易卦爻辭中的故事》，❹考證《易經》為筮書，內容為古史之「故事」；故《易傳》義理解釋當與經文意旨不同。其後古史辨學者益衍伸此一論點。❺像

年），頁二一五—二四七。

❷ 說詳傅凱瑄、鄭吉雄著：〈易傳作者問題檢討〉，收入林慶彰主編：《中國經學問題論爭史》（臺北：萬卷樓圖書公司，二〇一二年）。

❸ 按該文篇首載「（民國）十七年夏在蘇州青年會學術講演會所講《易經研究》之一部分；刊入《蘇中校刊》第十七、八合期；又載十八，六，五，《國立中山大學語言歷史學研究所週刊》第七集，第八十三、四合期」。參《古史辨》第三冊，頁八九。

❹ 該文原刊一九二九年十二月《燕京學報》第六期，翌年十一月修改，收入《古史辨》第三冊第一篇。

❺ 詳拙著：〈二十世紀初《周易》「經傳分離說」的形成〉，收入劉大鈞主編：《大易集奧》（上海：上海古籍出版社，二〇〇四

高亨就認為「《易傳》解經與《易經》原意往往相去很遠，所以研究這兩部書，應當以經觀經，以傳觀傳」。❻後來學者大致承繼古史辨學者的論點。偶然也有學者作出細微調整、而強調「經」、「傳」之間具有某種內在的關係，❼如朱伯崑著《易學哲學史》即發揮此一論點，認為「《周易》是周人占筮的典籍」，又認為「《周易》中的卦爻辭，就其素材說，是從大量的筮辭中挑選出來的」，❽其編纂則「企圖將卦象和筮辭系統化」，❾最後他得出兩點結論，其一「總的來說，這部典籍的形成是出於占筮的需要」；二是「《周易》畢竟是一部迷信的著作，將其哲理化是後來解《易》者的任務」。❿簡而言之，這種論述其實是古史辨時期「經傳分離」說的變型，強

年十二月），頁二一五—二四七。又傅凱瑄、鄭吉雄著：〈易傳作者問題檢討〉。

❻ 高亨：《周易大傳今注》（濟南：齊魯書社，一九七九年），〈自序〉，頁二。

❼ 如余敦康認為《周易》經傳性質不同，但「《易傳》的哲學思想是利用了《易經》占筮的特殊結構和筮法建立起來的」。參余敦康：〈從《易經》到《易傳》〉，原刊《中國哲學》第七輯（北京：三聯書店，一九八二年），後收入余敦康：《中國哲學論集》（瀋陽：遼寧大學出版社，一九九八年），頁三八一。

❽ 參朱伯崑：《易學哲學史》（北京：華夏出版社，一九九五年），第一冊，頁九。又黃慶萱認為「六十四卦是占筮的符號；卦爻辭是對占筮所得結果的解釋。跟六十四卦同是西周初年所作，帶著濃厚的『占筮』的性質。」又說「《十翼》除《雜卦》為西漢作品外，都著成於春秋戰國，代表著先秦儒者對《周易》的闡釋」。參黃慶萱：〈周易縱橫談〉，《周易讀本》第一章（臺北：三民書局，一九九二年），頁三。

❾ 朱伯崑：《易學哲學史》第一冊，頁一〇。

❿ 同前註，頁一一。

調經傳是既有相同又有不同，那麼對於經傳關係相「異」的論述和相「同」的主張，都可以一網打盡，而且更加強化「《周易》為迷信著作」的謬說。⓫無論如何，「《易經》（卦爻辭）為筮書」的論點，基本上是屹立不搖的。出土文獻的新發現，在研究者以此一有色眼鏡的觀察下，也進一步支持了這種論述。像學者從出土的甲骨、⓬銘器、⓭竹簡、⓮陶罐的各類痕跡，尤其是數字卦和卜筮活動，與卦爻辭作進一步的比較研究，⓯刻意迴避彼此之間的不同，而強化「《易經》為

⓫ 參拙著：〈論《易經》非占筮紀錄〉，刊《周易研究》二〇一二年第二期，頁二十四—三十二。

⓬ 甲骨為「卜」的記錄，與以「數」為主的「筮」不同。故《禮記・曲禮》：「卜筮不相襲。」但龜卜對於《易》卦的發明幫助極大。屈萬里曾撰〈易卦源於龜卜考〉一文（《書傭論學集》，頁四八—六九），指出《周易》卦畫、《易》卦反對的順序、《易》卦爻位的陽奇陰偶、九六之數、內外往來等幾個方面，都和龜卜有關。

⓭ 北宋徽宗重和元年（一一一八）湖北孝感出土的安州六器中一件方鼎的銘文，其中有「七八六六六六，八七六六六六」兩組數字，張政烺認為這是一件有文義可尋的易卦（數字卦），參張政烺：〈試釋周初青銅器銘文中的易卦〉，《考古學報》一九八〇年第四期，頁四〇三—四一五。據李學勤和唐蘭的考釋，這件方鼎在年代上當是周昭王之物，時間為西元前十世紀中葉。參李學勤：〈西周中期青銅器的重要標尺〉，《中國歷史博物館館刊》一九七九年第一期，頁二九—三六。又參李學勤：〈關於《周易》的幾個問題〉，收入李學勤：《走出疑古時代》（瀋陽：遼寧大學出版社，一九九七年），頁七三。

⓮ 如阜陽漢簡、包山楚簡、馬王堆帛書卦畫，均以「一」表陽爻、「八」表陰爻。論者遂認為八卦是由數字派生演變出來。

⓯ 一九七八年十二月張政烺在第一屆「中國古文字學術研討會」上發表了〈古代筮法與文王演《周易》〉一文，首先提出數字卦的研究。一九八〇年在《考古學報》上發表了〈試釋周初青銅器銘文中的易卦〉，再次考證了數字卦的研究。張政烺主要認為，殷、周出土文物上存在的數字記錄，其實是占筮的記錄。這些數字的組合，即是八卦數字符號，是《易》卦的來源。關於數字卦在過去一世紀的研究和影響，詳參楊慶中：《二十世紀中國易學史》第七章一節，頁三三四—三五五。

卜筮書，《易傳》為義理書，二者不相同」的結論。

㈡認為《易傳》是《易》義理之源

《易傳》為《易》義理之源的論點，亦是古史辨時期的學者首發其端。卜筮之書終究亦無義理可言。相對上，《易傳》發揮《易》義，具有思想體系，故《易》學之有義理，實起源自《易傳》。正如曾春海所說「《易》書漸由卜筮之書，轉進成探討宇宙與人生哲理的經典」。⓰主張《易傳》為《易》義理之源的論著很多，例如馮友蘭《中國哲學史新編》即以《易傳》屬中國哲學史戰國階段之思想，而《易經》的卜筮內容則不屬哲學史之中，認為「在中國哲學史中，《易傳》首先比較自覺地、系統地講到範疇、公式的作用。人類在能作抽象思維的時候，就已不自覺地應用範疇和公式。……這樣的應用是人類認識發展的一個進步，表示人類認識提高了一步。在中國哲學史中，《易傳》就是這步提高的表現。」⓱而余敦康〈從《易經》到《易傳》〉則引用《左傳》、《國語》的筮例，認為在《易傳》編撰之前，春秋時期的卜筮之法有了新發展，「用象

關於數字卦與《易》占的關係，並參李宗焜：〈數字卦與陰陽爻〉，刊《中央研究院歷史語言研究所集刊》第七七本第二分（二〇〇六年六月），頁二七九—三一八；邢文：〈數字卦與《周易》形成的若干問題〉，刊《臺大中文學報》第二七期（二〇〇七年十二月），頁一—三二。

⓰ 曾春海：《易經的哲學原理》（臺北：文津出版社，二〇〇三年），〈自序〉，頁一。

⓱ 馮友蘭：《中國哲學史新編》（北京：人民出版社，一九九五年），第二冊，頁三三六。

徵性的意義來解釋龜兆，引申發揮，講出了一套似是而非的道理」。⑱這種余先生稱之為「卦象說」和殷周原始筮法相較，為「明顯的進步」，⑲而「《易傳》的作者用陰陽範疇解釋了這兩個基本符號，《周易》的框架結構才第一次得到全面的解釋」。⑳總之，這一類看法，是過去一世紀以來主流見解，諸家無甚異辭。較早期的研究可參戴君仁〈易經的義理性〉、㉑高亨《周易大傳今注》，近年來這一觀點深植人心，影響甚廣，著述之多，不遑列舉。

(三) 認為《易傳》多摻雜戰國諸子思想

這種看法細分又有三種論點：第一種是認為《易傳》主要以儒家思想為主，如武內義雄從孔子傳經的譜系切入，並將《易傳》的內容和《禮記》諸篇的內容相結合作出思考，強調《繫辭傳》中的思想和〈中庸〉的思想頗一致，是戰國至秦漢間「易の儒教化」的具體證據。㉒第二種看法則認為《易傳》的思想屬性是道家而非儒家。主此說者最早為錢穆，㉓最具代表性的是創辦

---

⑱ 余敦康：〈從《易經》到《易傳》〉，頁三九六。

⑲ 同前註，頁三九九。

⑳ 同前註，頁四〇七。

㉑ 戴君仁〈易經的義理性〉，原載《國立故宮博物院圖書季刊》第二卷第三期（一九七二年一月），頁一一—一八；後收入《梅園論學續集》（臺北：藝文印書館，一九七四年），頁二二二—二三五。

㉒ 武內義雄：《中國思想史》（東京：岩波書店，一九六二年），頁一一五—一二二。

㉓ 錢先生在一九二八—一九二九年間發表〈論十翼非孔子作〉一文主此說，詳《古史辨》，第三冊，頁八九。其中舉十證以

《道家文化研究》的陳鼓應。他早年研究《易傳》與老、莊和稷下黃老思想的一致性。在近著《道家易學建構》中則認為《易經》和《易傳》都是道家思想的產物，《易經》的占筮語言在發展至《易傳》的過程中，已經融入了老子的思想，而向道家哲學延伸。㉔第三種見解則認為《易傳》思想並不單純為儒家或道家的產物，而是既受儒家、道家的影響，也受陰陽家的影響。如張立文認為「《易傳》雖以儒家思想注釋《易經》，但亦吸收了道家、陰陽家的思想」。㉕朱伯崑亦認為，《繫辭》借了《莊子．大宗師》「太極」一詞，解釋筮法；㉖又吸收了陰陽五行家「五行」觀念，「解釋大衍之數出於天地之數」。㉗關於《易》與先秦諸子的關係，十分複雜，如先秦道家與《歸藏》和《周易》即有糾結的歷史關係。㉘胡自逢有《先秦諸子易說通考》，㉙具有參考價值。

㉔ 陳鼓應：《易傳與道家思想》（臺灣：臺灣商務印書館，一九九四年）；《道家易學建構》（臺北：臺灣商務印書館，二〇〇三年），尤其是後者所收錄〈道家與《周易》經傳思想脈絡詮釋〉、〈乾坤道家易詮釋〉兩篇文章。論《十翼》非孔子所作，其中第十證，即暢論《論語》和《易》思想的不同。此條比較了《論語》與《繫辭》論「道」、「天」、「鬼神」之處，指出《繫辭》思想近老莊，其哲學是道家的自然哲學。

㉕ 張立文：〈周易帛書淺說〉，收入張立文：《周易帛書今注今譯》（臺北：臺灣學生書局，一九九一年），上冊，頁三〇。

㉖ 朱伯崑：《易學哲學史》第一冊，頁五二、六六。

㉗ 同前註，頁六四──六五。

㉘ 詳拙著：〈從遺民到隱逸：道家思想溯源──兼論孔子的身分認同〉。

㉙ 胡自逢：《先秦諸子易說通考》，臺北：文史哲出版社，一九八九年。

以上三說，構成了《易》學「經傳分離」之說：由於有第一說，《易經》亦即卦爻辭從此與《易》學哲學思想無關；由於有第二說，《易傳》即為《易》學義理之源，更不須往上再追溯；由於有第三說，探討《易傳》義理，除了就《傳》言《傳》之外，只須探索老、莊、陰陽家等先秦諸子思想即可。這三種主流見解，形成了對《周易》經傳和哲理思想發展的許多不健康的看法，包括：不肯再思考《易經》具有哲理的可能性，嚴重忽略「經」、「傳」之間的內在關係，對於《易傳》詮釋《易經》特殊方法與理念也不再注意等等。

其實近年已經有學者意識到《易經》並非漫無體統的占卜之書，顯示了經過數十年的發展，「經」與「傳」截然二分說法的缺失，已經為人所注意。例如前述朱伯崑指出卦爻辭的「系統化」，已實實在在地說明了《易經》並非只是占卜的「素材」而已。黃沛榮師《易學乾坤》收錄〈周易卦爻辭釋例〉一篇，認為「研究《周易》卦爻辭之辭例」，其目的之一即係「闡明卦爻辭之哲學」，[30]直指卦爻辭本身具有哲學成分，實為巨眼。戴璉璋更說：

> 明象位、重德業是易學發展的兩大主脈。這兩條主脈，發端於《易經》，貫穿於《春秋》，而結穴於《易傳》。於是象位與義理，蘊含富美，相得益彰，為《易》學與儒學開拓了嶄新的局面。這樣看來，在《易》學的基本精神上，《傳》不但並未違異於《經》，而且還可以說是對

---

[30] 黃沛榮：〈周易卦爻辭釋例〉，《易學乾坤》（臺北：大安出版社，一九九八年），頁一五五。

《經》作了最好的繼承與發展。[31]

上述兩位前輩，都是極重視文獻基礎研究，研究態度極精審的學者。他們的論點奠基於研究之上，而非泛泛維護傳統文化之論。[32]本文即擬從卦爻辭字義的演繹，對照《易傳》詮釋《易經》的方法，藉以說明《周易》經傳的關係，從經傳字義的關係上可以清晰地看見。我深盼研究者能從「經傳分離」的氛圍中暫時超脫出來，重新審視卦爻辭的內在結構，以及其對《易傳》的影響。

本文第一部分提出了問題的背景；第二部分則分析「經傳分離」說難以成立的三點理由；以下第三部分擬以字義為討論核心，說明《易經》卦爻辭如何演繹卦名，尤其是爻辭如何演繹卦辭；第四部分分析《易傳》對於《易經》字義的演繹。最後「結論」總結全文，嘗試歸納出《周易》經傳字義演繹的幾項規律。

---

[31] 戴璉璋：《易傳之形成及其思想》（臺北：文津出版社，一九八九年），〈自序〉，頁四。戴先生在該書「思想的淵源」中甚至推溯《易經》中的道德意識，透析卦爻辭內容甚深細，讀者可參。

[32] 廖名春近年撰寫論文，亦認為《易經》已有哲理，最近撰〈從「乾」、「坤」的本文論《周易》的哲學內涵〉（發表於中國人民大學國學院「經學：知識與價值」國際學術研討會，二〇一〇年七月一七——一八日），可為代表。

二、「經傳分離」說難以成立的三點理由

中國經學史傳統精神，向以謹慎保守為主，若非有確實碻切的證據，釋經者通常不會輕率否定相傳的解釋。然而，自顧頡剛掀起「古史辨運動」之後，古史辨學者發明古史層累說，李鏡池、余永梁紛紛撰文論證《易經》僅為卜筮記錄，容肇祖更發表〈占卜的源流〉一文，將《易經》和後世民間方術之士的命理書視為源流相同。㉝近代學者對於「經」、「傳」本質與年代之間的差異，有新的認知，而明瞭「經」、「傳」不應被視為一體。這是一個有突破性、有大貢獻的創獲，的確釐清了過去盲目地經傳不分所造成文獻年代被混淆的弊端。然而，就古代儒家經典的發展歷程觀察，「傳」始終是依「經」而起的產物，是以解經為任務的。尤其以先秦儒家經典的古奧艱澀，倘若全面捨棄「傳」，恐怕根本無從了解「經」。近代學者研究儒家經典，無論《詩經》、《春秋》，均必須充分參考「傳」、「箋」內容，加以解釋。即使近年風起雲湧的出土文獻研究，研究者亦多先隸釋出土文物中的古文字，再廣引經典文獻中的「傳」、「注」和辭書相互取證，才有可能認清該文獻的思想性質為何。本文絕不贊成以「經傳一體」視《周易》，但也認為解釋《易經》，應該充分參考《易傳》，不可全盤放棄，理由有三：

㉝ 李鏡池、余永梁、容肇祖之論文，均收入《古史辨》（上海：開明書店，一九三八——一九四一年），第三冊。

㈠研究其他經書均得引「傳」《周易》不應獨異

儒家經典多古奧，自戰國晚期以降即不斷出現解經的文獻，諸如《毛傳》之於《詩經》，《左傳》之於《春秋》，王弼《注》之於《易經》，乃至於《禮記》、《爾雅》諸篇，都深受研究者正面重視，可見經典與後世傳、注之間，縱使意義因時代不同而不能完全相符，但至少「傳」對於「經」義的理解，具有極重要的參考價值，無庸置疑。即使恃出土文獻一類新材料之發現，而認為可超越舊說，然而對於新材料之解釋，亦不可能不引用傳統文獻參證。此即王國維「二重證據法」所揭示的道理，其允當亦毋須複述。近當代學者研究亦無不如此，而取得重要研究成果。以《尚書》而言，如于省吾《雙劍誃尚書新證》，幾乎每條均引《偽孔傳》釋義，雖有批評修正，正面參用之處亦不少。㉞以《左傳》而言，杜預《注》晚出，頗沿今古文門戶成見，但如楊伯峻《春秋左傳注》參用杜《注》之處亦頗不少，並不因其晚出而全盤捨棄。㉟以《詩經》、《周易》而言，當代研究專著中參用《毛傳》、王《注》的更多，不遑舉例。綜觀當世經學研究著作，任何人都不可能完全拋棄「傳」、「注」，而論述「經」的文義，或單獨分析「傳」的義理。獨獨

㉞ 參于省吾：《雙劍誃尚書新證》，《雙劍誃群經新證、雙劍誃諸子新證》（上海：上海書店出版社，一九九九年）。

㉟ 如隱公元年「廩延」地理位置，不用劉文淇《春秋左氏傳舊注疏證》引《水經注》以為即今滑縣舊治，而採用杜《注》所指「陳留」（今河南省延津縣北）之說。參楊伯峻：《春秋左傳注》（北京：中華書局，一九八一年），第一冊，頁一二—一三。

《易傳》之於《易經》，竟被二十世紀初學者登高一呼，將二者關係一刀兩斷，且視為理所當然。甚至論及《易》哲學的起源，也將《易經》義理之源，完全截斷。其不合乎常理，顯而易見。

㈡近代《易》家以《易傳》以外之文獻釋《易經》的限制

近一世紀以來，反對「以傳解經」的學者，在解釋卦爻辭的時候，既已標舉不可以用《易傳》釋經，但又不得不援用古籍以論證卦爻辭內容。既無其他路子可走，只好大量運用《易傳》以外的其他文獻與《易經》互證。這方面的文獻可約分為四類。

第一類是出土文獻，如甲骨文、金文、石經等。早期如屈萬里、于省吾在這方面都是翹楚。屈先生的《漢石經周易殘字集證》、于氏的《雙劍誃易經新證》、張政烺對出土文物中的數字卦的研究，以至當代學者如于豪亮、張立文研究帛書《周易》、廖名春、林忠軍、邢文等運用楚簡與傳世《易經》互勘等，均有成果，廣為人知。出土文獻在研究方法上的重要性，從前王國維「二重證據法」已經有明確的肯定。不過，如何利用、以及利用何種「紙上遺文」以與「地下遺物」互相釋證，《易傳》能不能算作重要的「紙上遺文」中的一類，仍然是一個必須正視的問題。

第二類是經部文獻。近代《易》家探討卦爻辭中的字義、語義，往往徵引《詩經》、《尚書》、《左傳》。如胡自逢參用《禮記・月令》、《大戴禮記・本命》篇所載關於陰陽關係的文字，說明「坤」卦上六「龍戰于野，其血玄黃」之義。㊱研究卦爻辭而用經部文獻，以雙方年代相近（如《詩》、《書》），解釋系統交集部分亦不少，問題一般不大；唯獨學者偶或徵引更為晚出的經部文獻如《爾雅》，㊲甚至許慎《說文解字》，卻不肯參用早至戰國時期的《易傳》，其不合理處，亦昭然可見。

第三類是史部文獻。近代《易》學研究與古史結合，始自民國八、九年疑古思潮的興起，㊳繼由李鏡池等學者發揚，而總體成果則具體反映於一九四二年胡樸安刊布所撰《周易古史

㊱ 參胡自逢：《易學識小》（臺北：文史哲出版社，二〇〇〇年），頁二四。雄按：該書卷首有〈《周易》經文研究〉一文，其中第五節即為「以經通經」，內容主要引述諸經文字，以解釋《周易》經文。

㊲ 例子甚多，如鄧球柏：《帛書周易校釋》增訂本（長沙：湖南出版社，一九九六年），釋「訟」卦九二「不克訟，歸而逋，其邑人三百戶无省」（雄按：傳本此爻說解頗有爭議），「省」字傳本《周易》作「眚」，義為病目、或妖祥。鄧氏引《爾雅．釋詁》：「省，察也。」及《禮記．禮器》：「禮，不可不省也。」選擇用「省」字，釋為省察。（頁九三）雄按：鄧說不確，應依傳本作「眚」。此一例子，恰好證明研究者不深究經部文獻彼此是否可以通用互證的限制，而任意引作依據的弊端。

㊳ 據《胡適之先生年譜長編初稿》，一九二〇年七月胡適演講〈研究國故的方法〉，有「寧可疑而錯，不可信而錯」之語（胡頌平：《胡適之先生年譜長編初稿》〔臺北：聯經出版事業公司，一九九〇年〕，第二冊，頁四〇七）；同年十月二四日評顧頡剛撰〈古今偽書考跋〉，又說：「我主張，寧可疑而過，不可信而過。」（《古史辨》，第一冊，頁一二）一九二一年一月，錢玄同向顧頡剛提出「疑古」的觀念（錢玄同：〈論近人辨偽見解書〉，《古史辨》，第一冊，頁二四——二五），一九二三年六月並公開宣揚要敢於「疑古」（錢玄同：〈研究國學應該首先知道的事〉，《古史辨》，第一冊，頁一〇二）。

觀》。[39]其觀念係以古史角度審視《易經》材料，或者以古史證明卦爻辭。如前述《左傳》、《國語》都是上古重要史籍，成書年代雖出於卦爻辭甚晚，也常被《易》家徵引以闡釋卦爻辭。如「咸」九四爻辭：「憧憧往來。」屈萬里《學易劄記》稱：

《戰國策》卷廿：「今王憧憧，乃輦建信以與強秦角逐，臣恐秦折王之椅也。」憧憧，惛憒之皃。[40]

又「師」卦《象傳》：「地中有水，師；君子以容民畜眾。」屈先生《學易劄記》：

因是師卦，故曰畜眾。以坎為眾，《左傳》似有此義。[41]

屈先生所稱「《左傳》似有此義」，可能是指《左傳》宣公十二年：

知莊子曰：「此師殆哉。《周易》有之。在師☵☷之臨☷☱曰：『師出以律，否臧凶。』執事順成為臧，逆為否。眾散為弱，川壅為澤。有律以如己也。故曰：『律否臧。』」[42]

[39] 詳參陳桐生：〈二十世紀的《周易》古史研究〉，《周易研究》一九九九年第一期，頁二三—三〇。

[40] 屈萬里：《學易劄記》，《讀易三種》，《屈萬里全集》（臺北：聯經出版事業公司，一九八四年），頁五三〇。

[41] 同前註，頁四八四。

[42] 杜預《注》：「坎為眾，今變為兌，兌柔弱。」《正義》曰：「〈晉語〉文公筮：『尚有晉國。』司空季子占之，曰：『震，雷也，車也。坎，水也，眾也。主雷與車而尚水與眾。』是坎為眾也。《易．說卦》：『兌為少女』，故為柔弱。眾聚則彊，

又《國語．晉語四》亦載：「坎，眾也」，此「眾」字與《左傳》之「眾」均特指「兵眾」，並非泛指「群眾」。雄按：戰國以迄漢代經師講說《易》象，多由卦爻辭歸納而得。故《左傳》所記知莊子之繹釋以及《彖傳》之說解，可能均由經文卦象「坎」與卦名「師」推論而產生，並非《左傳》襲取《彖傳》或《彖傳》襲取《左傳》之說。所反映的是戰國以前《易》家釋經的一種普遍方法，說詳拙著：〈論象數詮《易》的效用與限制〉。㊸又由於《左傳》所載占卜之例，與《周易》的成卦之法偶有不同，同一卦名亦偶有占辭完全相異，因此近代學者如高亨、尚秉和、李鏡池等，治《易》亦僅以《左傳》作輔佐性參考，以探討占卜辭例和成卦之法。

第四類是子部文獻。推本溯源，以子部文獻與儒家《五經》參校研究，貫通彼此之間的語義文義，其事大盛於高郵王氏父子。然而在今日的眼光觀察，用先秦諸子與《易經》互相釋證，仍有兩點限制。分述如下。

就思想層次而言，卦爻辭編定於西周初年，諸子則興起於戰國中期以後。依照常理推斷，卦爻辭固然會影響諸子思想，諸子也可以將《易》理加以轉化。唯轉化以後的思想內容，雖有《易》理的痕跡，卻未必都屬於《易》的原義。而從研究方法上說，因為《易經》年代早，諸子年代相對晚；利用卦爻辭的觀念分析先秦諸子思想較易，利用先秦諸子思想反過來說明卦爻辭的

散則弱，坎變為兌，是眾散為弱也。」《春秋左傳注疏》卷二三，頁八b—九b。

㊸ 說詳拙著：〈論象數詮《易》的效用與限制〉，《中國文哲研究集刊》第二九期（二〇〇六年九月），頁二〇五—二三六。

觀念卻較難。

就語言文字層次而言，有兩種情況：第一種情況是，先秦諸子以年代較晚，其中有些採用《易經》語言的部分，的確可以反過來證明卦爻辭之語義。如「乾」九三爻辭：「君子終日乾乾。」黃沛榮師〈易經卦義系統之研究〉（以下簡稱〈系統〉）：

「乾乾」，為上進不倦之意。《呂氏春秋．士容》：「乾乾乎取舍不悅。」高注：「乾乾，進不倦也。」由於上進不倦，故〈大象傳〉云：「天行健，君子以自強不息。」㊹

這一類情況，我們除了先檢視持論者立論合理與否外，亦可以透過經文的內容，衡量其是否可以成立。以此一例子而言，「乾乾」釋為「上進不倦」，合乎「乾」卦六爻由「潛」至「飛」、「亢」的動態，以及「夕惕若厲」四字的意旨，故至為合理。另一種情況，則因為語言意義的轉移，晚出諸子借用《易》語詞概念，已有新的闡釋，又或因思想體系與《易》不符，則後出的研究者實不宜輕易採信以釋《易》。如「謙」卦六四爻辭「无不利，撝謙」，林政華稱：

撝，借為為，指有所施為或施與。《老子》第十章說：「生而不有，為而不恃，長而不宰。」而儒家見義勇為，不求回報的行徑，即源於此，如孟子論惻隱之心，說：「今人乍見孺子將入

㊹ 黃沛榮：〈周易卦義系統之研究〉，《易學乾坤》，頁八九。

於井，皆有怵惕惻隱之心，非所以內交於孺子之父母也，非所以要譽於鄉黨朋友也。」㊺

林氏引《老子》「為而不恃」，解釋「撝謙」見義勇為又能謙卑之義，並引《孟子》為旁證，可謂儒道義理交互並用。然而，「撝」字《晁氏易》引京房作「揮」，《熹平石經》亦作「揮」，李鼎祚《周易集解》引荀爽：「撝猶舉也。」㊻王弼《注》：「指撝皆謙，不違則也。」《正義》：「所以指撝皆謙者，以不違法則，動合於理，故无所不利也。」㊼從漢唐的《易》學文獻和儒說綜合判斷，則「撝」字應釋為「指揮」之「揮」。如果不深究字義關係，就將「撝」、「為」二字混為一談，加以申論，就很危險了。

各類諸子文獻，語言方面當然可以相參證，思想上則其體統或與《周易》不類，或年代相差甚遠，或思想內容差異極大。倘任意以諸子思想與卦爻辭互證，是極為危險的。然而，近現代學者對於運用與《易經》關係甚為密切的《易傳》來釋卦爻辭，幾乎完全排斥，反而對於以諸子思想與《易經》互證，不甚警覺。其輕重倒置的錯誤，顯而易見。

㊺ 林政華：《易學新探》（臺北：文津出版社，一九八七年），頁八八。雄按：高亨《周易古經今注》重訂本亦釋為「為」（卷一，頁二〇六）。

㊻ 〔唐〕李鼎祚輯：《周易集解》（臺北：臺灣商務印書館，一九九六年），卷四，頁九五。

㊼ 王弼、韓康伯注，孔穎達等正義：《周易注疏》，卷二，頁三三a—b。

㈢近代學者詮解《易經》「經」文不得不參考「傳」

卦爻辭有許多內容，不用《易傳》，往往很難通解。即使強烈反對「以傳解經」的學者，其實往往亦無法完全避免「以傳解經」。如「泰」卦，《易》家多釋「泰」義為「通」（亦有釋為「大」者），[48]《彖傳》「天地交而萬物通也」，《序卦傳》「泰者，通也」均可證，但這一義解，除《易傳》外又無旁證。[49]此即所謂非用「傳」不能解「經」之顯例。又如高亨論「悔」字：

> 《說文》：「悔，恨也。从心每聲。」《廣雅．釋詁》：「悔，恨也。」《詩．雲漢》「宜無悔怒」，《毛傳》：「悔，恨也。」《論語．為政篇》「多見闕殆，慎行其餘，則寡悔」，皇《疏》：「悔，恨也。」按悔恨之情比悲痛為輕，悔恨之事不及咎凶之重。

高亨遍引與《周易》同時期的（如《詩經》）或晚出的（如《說文》）經部文獻，得到的「恨也」的訓釋，但最多亦不過得知其輕重介乎「悲痛」與「咎凶」之間而已。他接著又說：

48 除《十翼》外，如《周易乾鑿度》、《經典釋文》、鄭玄、李鼎祚、程頤、朱熹，以迄近代如高亨、屈萬里均如此。唯馬融釋為「大」，于省吾取其義，證以古器物，推論「泰」即「汏」，義為「大」。參于省吾：《雙劍誃易經新證》，《雙劍誃群經新證、雙劍誃諸子新證》，卷二，頁一五a—b。

49 「否」卦義為「不通」，其義可能與「泰」卦之釋為「通」互相支持：「泰」為通，「否」則為不通；反之亦然。但此亦須先回歸卦爻辭內容，並與《彖》、《序卦》等傳互釋，始能推知。

《周易》所謂「悔」，其實不過困厄而已，《繫辭傳上》云：「悔吝者，憂虞之象也。」又云：「悔吝者，言乎其小疵也。」是其徵矣。[50]

到最後，極力堅持「離傳釋經」的高亨，還是得回到《繫辭傳》中，才能證明「悔」義為「困厄」，有「憂虞」、「小疵」之象。這不就說明了「經傳分離」之說的局限性嗎？

屈萬里為著名《易》家，深受古史辨時期「科學方法治《易》」、「《周易》古史觀」兩種論述的影響，在運用出土文獻（如甲、金文及石經）、傳世文獻（包括所有可供與《周易》經傳互勘的材料）及《周易》經傳相互釋證方面，取得豐碩的成果。他認為古代信史的重建，必須靠地下出土的資料，[51]亦贊成將《易經》與《易傳》明確地切割；[52]然而，在論證卦爻辭的意義時，他亦發生與高亨同樣的情況。茲舉數例說明。如「乾」九三「君子終日乾乾，夕惕若，厲，无咎。」屈先生《周易集釋初稿》（以下簡稱《集釋初稿》）：

---

[50] 高亨：〈吉吝厲悔咎凶解〉，《周易古經今注》重訂本，頁一三一—一三二。

[51] 見屈萬里：〈我國傳統古史說之破壞和古代信史的重建〉，《書傭論學集》，頁三七七。又如屈先生《書傭論學集》所收〈易卦源於龜卜考〉、〈漢石經周易為梁丘氏本考〉等文章，均奠基於出土文獻。其中〈說易散稿〉一文「貞」條，據卜辭論證「貞」字義為「守常不變」，即係成功之一例。

[52] 並參前引屈萬里〈說易散稿〉。又說：「夙擬以甲骨金文及《詩》、《書》中所習用之語法、物事，以稽研卦爻辭；以戰國諸子所習用之語法、物事，以參證《十翼》。」見屈萬里：《先秦漢魏易例述評》（臺北：學生書局，一九六九年），〈自序〉，頁四。

夕惕若厲，應以厲字絕句，漢唐以來皆如此，至宋儒始以厲字屬下讀。……據《文言》，仍當讀「夕惕若」一句，「厲，无咎」一句，《文言》所謂雖危無咎也。……按：《彖》《象傳》《文言》皆訓厲為危。53

他據《文言傳》論證「厲，无咎」為一句始為正確，又據《彖傳》、《象傳》、《文言傳》證「厲」訓為「危」。又「履」九五：「夬履，貞厲。」《集釋初稿》說：

夬《彖傳》：「夬，決也。」謂決其可履則履之。若固一不移則厲也。54

這真是再明白不過的「以傳釋經」。又「巽」九二：「巽在牀下。」《集釋初稿》：

《序卦傳》：「巽者入也。」鼎《象傳》：「以木巽火。」巽謂在下。《雜卦傳》：「巽，伏也。」55

要解釋「巽」九二爻辭，還能不參考《彖》、《序卦》、《雜卦》等傳嗎？又「渙」上九：「渙其血去逖出。」《集釋初稿》：

《雜卦傳》：「渙，離也。」王《注》：「逖，遠也。」去，離去。56

53 屈萬里：《周易集釋初稿》，《讀易三種》，頁七。
54 同前註，頁八六。
55 同前註，頁三四八。
56 同前註，頁三五九。

「渙」卦之「渙」有奐飾之義（詳後）。屈先生此處引《雜卦傳》論證上九爻辭之「渙」字義並非為「奐飾」而是「離去」；而論「逖」字，所引王弼《注》的說法，年代已晚至東漢末，距離卦爻辭的時代已更遠了。其實在沒有更好的解釋或證據時，即使晚出的說法，也不得不引以為據。這也是傳統解經者不得不遵用的做法。

其實近二十年來已有愈來愈多的學者，意識到《易經》並非漫無體統的占卜之書，顯示了經過數十年的發展，「經」與「傳」截然二分說法的缺失，已經為人所注意。例如前述朱伯崑指出卦爻辭的「系統化」，已實實在在地說明了《易經》並非只是占卜的「素材」而已。自一九七三年馬王堆帛書《周易》問世，文獻內容陸續披露，[57]除了引起了大批《易》學家研究帛書《周易》外，也激起了學者思考《周易》經傳源流的問題。其中如李學勤即重新思考了《周易》與文王、周公的關係，[58]廖名春更提出要從本經出發研究《周易》的作者，也要合理地吸收先秦、兩

[57] 《文物》一九八四年第三期刊布了馬王堆漢墓帛書整理小組的〈馬王堆帛書《六十四卦》釋文〉。一九九三年八月《道家文化研究》第三輯為帛書《周易》與道家文獻研究專號，並以「首次公布的珍貴帛書文獻」為欄目，發表了陳松長：〈帛書《繫辭》釋文〉，陳松長、廖名春：〈帛書《二三子問》、《易之義》、《要》釋文〉兩篇文章。其後一九九五年一月《國際易學研究》第一輯亦主要為帛書《周易》專號，與《道家文化研究》第三輯一樣，發表了許多《易》學家研究帛書《周易》的文章。讀者可並參邢文：《帛書周易研究》（北京：人民出版社，一九九七年）及廖名春：《帛書〈周易〉論集》（上海：上海古籍出版社，二〇〇八年）。

[58] 參李學勤：〈帛書《易傳》與《易經》的作者〉，《國際易學研究》第一輯（北京：華夏出版社，一九九五年），頁六二—六六。

漢文獻的記載。[59]這無疑都有助於釐清《周易》本經性質為何、作者為誰等問題，讓《易》學研究者正視重新檢討《周易》經傳關係問題的重要性。

三、《周易》卦爻辭字義演繹二十二例

卦爻辭（《易經》）有通體一貫的辭例，對於字義演繹，亦隱然有一系統性的通則；而《易傳》演繹《易經》經義，也有許多推衍字義往其他方向引申的例子。換言之，《易傳》作者演繹《易經》字義，實即襲用《易經》作者自身的方法。如果我們同意《易傳》義理多從《易經》演繹而來，而演繹之過程中所產生的毫無道理的附會，是一種「創造性的詮釋」的話，那麼我們也必須承認，這種「創造性的詮釋」，早已存在於卦爻辭中。而貫徹《周易》經、傳中的這種詮釋之法，基本上就是以字辭的字形、音韻、義訓為核心，作幅射式的推衍演化。《易傳》詮釋《易經》之法，其實早已存在於卦爻辭之中。六十四卦例子甚多，難以藉一篇論文遍述。謹選擇二十二個比較明顯的例證，加以說明並分析如下。

1. 乾坤二卦，「乾」有天之象但義非天，「坤」有地之象但義非地。然而「乾」卦六爻發展至九五，爻辭為「飛龍在天」；「坤」卦六爻發展之初，初六為「履霜堅冰至」，履霜成冰之

[59] 參廖名春：〈從帛書《易傳》等文獻論《周易》本經的作者問題〉，《帛書〈周易〉論集》，頁五五。

堅冰即地。如依王引之「因聲求義」之法，指出「乾」與「健」聲近，「坤」與「順」聲近（參下文），則由乾、坤二語和健、順二語之間的相互演繹，實構成了二卦的卦爻辭內容。

2. 「乾」字不見於甲骨文及金文，其字本義《說文》釋為「上出」，可能與其聲符「倝」字（本義為「日始出」）有關。[60]卦爻辭作者以「龍」作為「乾」卦的喻象，而九三爻辭「君子終日乾乾」，「終日」二字，即從具體的太陽之「日」，引申為抽象的時間之「日」。同時作者又以「君子」與「龍」互喻。故九三「乾乾」，太陽初升，愈見光明，上出不已，引喻人生，指君子上進不倦。《象傳》以聲訓的方法，以「健」釋「乾」，就是從太陽的形象引申出來的新義。朱子《周易本義》：「乾者，健也，陽之性也。」「坤者，順也，陰之性也。」[61]（雄按：朱子所謂「性」，即「理」）但健健不倦，含義抽象，故爻辭即以具體「龍」的形象，加以演繹，有「潛龍」、「飛龍」、「亢龍」等各種具體形態，再申達諸如潛伏、飛騰、高亢等含義抽象的變化。

3. 「屯」卦之「屯」，依《說文》釋為「象屮木之初生」，[62]即為象形字，那就是「芚」

[60] 說詳本書第壹篇。

[61] 〔宋〕朱熹：《周易本義》（臺北：大安出版社，一九九九年），頁二七、三九。

[62] 許慎著，段玉裁注：《說文解字注》，一篇下，頁一b。

字；[63]屈先生稱該字「即純字，本為絲，故有經綸之象」，那就是「純」字。[64]《說文》「難也」，強調的是其抽象之義（困難），那就是引申義而非本義。《易》卦卦名用的，就是「難」這個引申義。朱子《周易本義》：「屯，……難也，物始生而未通之意。」[65]人生可以有各種類型的困難，六二「屯如邅如」則演繹至乘馬之回旋不前。至九五：「屯其膏，小貞吉，大貞凶。」「迍邅」義又變易為「囤積」義。「屯」應讀為「囤」；「屯其膏」，即聚斂財貨。「囤積」膏澤，亦可以造成人生的「困難」。則單看九五一爻，「屯其膏」之「屯」雖應釋為「囤積」之意；然就全卦言，九五之「屯」當與其他五爻同釋為「難」，故《象傳》言「施未光也」。[66]

---

[63] 揚雄《法言．寡見》：「春木之芚兮，援我手之鶉兮。」（汪榮寶撰：《法言義疏》（北京：中華書局，一九九六年），頁二一七）「芚」義即草木初生。承本書審查人提出，「屯」字宜與「生」字同觀，《說文解字》：「生，進也。象艸木生出土上。」（許慎著，段玉裁注：《說文解字注》，六篇下，頁四ａ）故「屯」字象草木從土中冒出，「生」字則象其已完全長出，二者皆从「屮」。故「屯」有「難」義，又有「始」義。此一考慮甚為周詳，謹附列於此。唯關於「屯」字字義，讀者請詳本書第肆篇。

[64] 屈萬里：《周易集釋初稿》，頁四一。又黃慶萱釋「屯」字含有「始」、「難」、「聚」、「盈」四種意義（詳《周易讀本》，頁七一），可以參考。

[65] 朱熹：《周易本義》，頁四六。

[66] 朱熹《周易本義》：「九五坎體，有膏潤而不得施，為『屯其膏』之象。」（頁四九）則朱子仍讀此爻之「屯」為屯難字。

4. 「蒙」字从「艸」，其本義應為一種草木的名稱，[67]但卦名及卦爻辭皆用「蒙昧」之義，則可能是直接取「冡」字以為名。「冡」義為「覆」，後為「蒙」字所取代，[68]其字義本為蔽覆不明。[69]則由卦名本義「冡昧」，而引申出「發蒙」、「包蒙」、「困蒙」、「童蒙」、「擊蒙」等義。初六：「發蒙，利用刑人，用說桎梏，以往吝。」所發之蒙，是未脫桎梏的刑人；九二所包之蒙，是所「納」之「婦」，即剛出嫁的女子，在其夫家為新人，亦即蒙昧之人；上九所「擊」之「蒙」，是指「利禦寇」之「寇」。同屬「蒙昧」者，卻可以引申到現實人生中不同類型的人。朱子《周易本義》：「蒙，昧也。」[70]歷代注家於此卦義均無異議。

5. 「需」[71]字義本為「等待」，何琳儀引金文及戰國字形，釋該字「會雨天不宜出行而有所待

---

67 「蒙」為「王女」（草名），見《說文》、《爾雅・釋艸》，並參許慎著，段玉裁注：《說文解字注》，一篇下，頁四六。

68 《說文》「蒙」：「蒙，王女也，從艸、冡聲。」段《注》：「今人冡、冒皆用蒙字為之。」《說文》「冡」：「冡，覆也。」段《注》：「凡蒙覆、僮蒙之字，今字皆作蒙，依古當作冡，蒙行而冡廢矣。艸部蒙，艸名也。」（同前註，七篇下，頁三七b）

69 高亨認為「本卦蒙字皆借作矇，以喻愚昧無知之人」（《周易古經今注》重訂本，卷一，頁一七三），不如直取「冡」字為宜。

70 朱熹：《周易本義》，頁四九。

71 于省吾《雙劍誃易經新證》：「按李過《西谿易說》引《歸藏》『需』作『溽』。《說文》『獳』讀若『槈』。古韻『需』侯部，『溽』幽部。侯幽通協。」（卷二，頁六b）

之意」，[72]那就是將「需」字拆為上「雨」下「天」，符合《象傳》「雲上於天，需」的講法。雲上於天，有準備下雨、有所等待的象徵。至於《易》「需」卦各爻，則多用「濡」義，與「需」字本義已有相當距離，可以說是「需」字語義的引申運用。如九二「需于沙」、九三「需于泥」。「濡」又變易為「醹」義。九五：「需于酒食，貞吉。」「需」引以同音，借為「醹」。[73]自「需」至於「濡」、「醹」，均藉由同音假借，而演化出種種不同的爻辭內容及占筮判斷。

6.

「履」金文字形从頁从舟，何琳儀釋「會人履似舟之意」。[74]《說文》：「履，足所依也。从尸，服履者也。从彳夂，从舟，象履形。」段玉裁《注》：「古曰屨，今曰履；古曰履，今曰鞵。名之隨時不同者也。引伸之訓踐，如『君子所履』是也。」[75]則「履」字本義為「鞋履」。[76]如初九「素履，往无咎」，「素履」為「鞋履」義；卦辭「履虎尾」之履，則為「踐踏」義。「履」卦諸爻又隱含禮儀實踐之義，故有「禮」的含義。《象傳》：「君子以辯

[72] 何琳儀：《戰國古文字典》，上冊，頁三九〇。

[73] 黃沛榮師〈周易卦義系統之研究〉：「唯是九五『需于酒食』，則不可謂待於酒食之中。細覈辭義，疑『需』讀為『醹』。《說文》：『醹，厚酒也。』然則『需于酒食』者，謂厚於酒食也。」（頁九二）

[74] 何琳儀：《戰國古文字典》，下冊，頁一二六二。

[75] 許慎著，段玉裁注：《說文解字注》，八篇下，頁三a。

[76] 黃沛榮師〈周易卦義系統之研究〉稱「履本為『鞋履』之義，引申為踐踏」（頁九四）。

上下，定民志。」即引申禮儀尊卑之義，顯示《象傳》作者扣緊「履」、「禮」的語言關係，推衍引申「禮」的義理。帛書《周易》「履」作「禮」，應非書寫之異。

7. 「同人」卦名，義為聚合人眾。〈系統〉稱「『同』為動詞，《說文》：『同，會合也。』故『同人』有『聚眾』之義。……又由所聚之眾引申為『友輩』，九五：『同人先號咷而後笑。』即此義。」77

8. 「豫」，義為「豫樂」。《尚書．金縢》：「既克商二年，王有疾，弗豫。」《爾雅》：「豫，安也。」《經典釋文》：「豫，本又作忬。」78鄭玄釋「豫」為「喜逸悅樂之貌也」。79于省吾《雙劍誃易經新證》引金文、《歸藏》、《尚書》等數種文獻互證，以「豫」為「忬」，又以「忬」通「余」、「舍」、「夜」，有休、息之義。80他說：「《說文》：『余，語之舒也。从八舍省聲。』又『夜，舍也，天下休舍也。』段玉裁謂以疊韻為訓，是也。」81雄按：九四

77 同前註，頁九五。

78 〔唐〕陸德明：《經典釋文》（上海：上海古籍出版社，一九八五年），卷四〈尚書音義下〉，頁四a。

79 李鼎祚輯：《周易集解》，卷四，頁九六。

80 于省吾《雙劍誃易經新證》：「李過《西谿易說》引《歸藏》有『夜卦』。……《說文》引作『有疾不悆』。《古文四聲韻》引《古尚書》『豫』亦作『悆』。『忬』即『悆』。經傳『予』、『余』同用。金文皆作『余』，是从『予』从『余』，一也。」（卷二，頁二〇a—b）

81 同前註，頁二〇b。

「由豫，大有得，勿疑，朋盍簪」，「由豫」即「猶豫」，故下文稱「大有得，勿疑」。「猶豫」之「豫」，與「豫樂」之「豫」無關，只能說前者是透過讀音相同，假借為猶豫字，而演化出來的新義。

9. 「蠱」卦之「蠱」，甲骨文字形為皿中有蟲之形，何琳儀釋：「从虫或从蚰，从皿，會聚眾蟲於皿中生成蠱毒之意。」[82]依《說文》本義為「腹中蟲」。[83]王引之《經義述聞》卷一：「『蠱』《正義》引梁褚仲都講疏曰：『蠱者，惑也。物既惑亂，當須有事也。故《序卦》云：「蠱者，事也。」謂物蠱必有事，非謂訓蠱為事。』……引之謹案：訓詁之體，一字兼有數義。蠱為疑惑。《爾雅》曰：『蠱，疑也。』……此一義也。『蠱』又為『事』，《釋文》曰：『蠱，一音故。』蠱之言故也。《周官・占人》：『以八卦占筮之八故。』鄭注曰：『八故，謂八事。』……此又一義也。二義各不相因。」[84]雄按：王引之之意，「蠱」兼有二義，既訓為「疑惑」，亦用為「故」而訓為「事」，二者不相因。「蠱」卦取「事」之義訓，與「惑亂」無關。我很同意王引之「一字兼有數義」之說，但並不同意「二義各不相因」。因「蠱」卦之「蠱」既訓為「事」亦訓為「疑惑」。凡人皆有疑惑不定之事，在於父

[82] 何琳儀：《戰國古文字典》，上冊，頁四八〇。
[83] 許慎著，段玉裁注：《說文解字注》，一三篇下，頁五b。
[84] 王引之：《經義述聞》，卷一，頁二八a—二九a。

母，雖未必至於亂，亦有賴於子女協助而使之不疑惑，此即所謂「幹父之蠱」、「幹母之蠱」。上九「不事王侯，高尚其事」，前一「事」字為動詞，後一「事」字為名詞，都是「蠱之言故也」的證明。君子仕於王侯，倘「壞極而有事」（朱子《本義》之說），君子無法解惑或無法端正其惑亂，正不妨求去，以求高尚。故在「蠱」卦，卦名一字不但兼有「事」、「惑」二義，而且二義正相因，引申演繹在於人事，在內則有父母之蠱須予貞幹，在外則事不事王侯的抉擇。

10. 「噬嗑」，義為咬合，《說文》：「噬，啗也。」[85]王弼《注》：「噬，齧也。」[86]黃沛榮師曾指出，拘縛的刑具，亦用金屬咬合的原理，故「噬嗑」又引申為刑具。如初九「屨校滅趾」、上九「何校滅耳」，《說文》：「校，木囚也。」[87]「滅」，據高亨，義為「遮掩」。[88]或引申為刑獄，如卦辭「亨，利用獄」。

11. 「坎」於八卦取義為「水」，與「離」為「火」相對；但初六、六三爻辭引申其義為「坎窞」；從「坎坑」義又變易為狀聲字之「坎坎」。六三爻辭：「來之坎坎，險且枕。入于坎

---

[85] 許慎著，段玉裁注：《說文解字注》，二篇上，頁五五。
[86] 王弼、韓康伯注，孔穎達等正義：《周易注疏》，卷三，頁一一a。
[87] 許慎著，段玉裁注：《說文解字注》，六篇上，頁一六七。
[88] 高亨：《周易古經今注》重訂本，卷二，頁二二一。

窞，勿用。」「坎坎」為敲擊聲。屈先生《集釋初稿》：「《詩・伐檀》：『坎坎伐檀兮。』《傳》：『坎坎，伐檀聲。』〈宛丘〉：『坎其擊鼓。』《傳》：『坎坎，擊鼓聲。』皆以坎坎形容聲音。」[89]

12. 「離」字从「隹」，本義為「離黃」，即倉庚。[90]於八卦取義為「火」，「火」與「日」有關，故九三爻辭「日昃之離」即以「離」為落日之象。「離」之「火」與「坎」為「水」相對。[91]而「離」卦又依讀音的相同，演為「附麗」義。「離」卦《彖傳》：「離，麗也。」王弼《注》：「麗，猶著也，各得所著之宜。」《正義》：「麗，謂附著也，以陰柔之質，附著中正之位，得所著之宜。故云『麗』也。」[92]故離火、落日、附麗等均屬引申之新義。

13. 「咸」字甲骨文字形為「」（乙一九八八），从戌从口，象斧鉞之形；《說文》釋為「皆

---

[89] 屈萬里：《周易集釋初稿》，頁一八七。

[90] 許慎著，段玉裁注：《說文解字注》，四篇上，頁二七a。

[91] 學者或釋「離」本義為「附麗」而非「火」，不確。「離」字本義為「離黃」即「倉庚」，但「離」卦卦名的意義，是與「坎」一起成立的。故「坎」為水，則「離」為火；「離」為火，則「坎」為水。水、火即係二卦卦名本義。正如「家人」與「睽」，「咸」與「恆」、「損」與「益」，二義相反而同時並立，同時並存。

[92] 王弼、韓康伯注，孔穎達等正義：《周易注疏》，卷三，頁三六b。又朱駿聲對於「離」字「假借為麗」，有較詳細的說明。參朱駿聲：《說文通訓定聲・隨部第十》，頁四九b。

也，悉也」，[93]應該是假借義；但卦爻辭的運用，則通義為「感」。惟王引之《經義述聞》：「《雜卦傳》：『咸，速也。』……下文『恆，久也』，訓恆為久也。此云『咸，速也』，訓咸為速也。蓋卦名為『咸』，即有急速之義。『咸』者，感忽之謂也。……咸與感聲義正同。虞、韓二家訓『咸』為感應之速，而不知『咸』字本有『速』義，故未得古人之指。」[94]雄按：王說可信。「恆」卦為「恆久」義，可以確定，則依「坎、離」、「剝、復」、「損、益」等一組二卦對舉並立的例子，「咸」有「速」義，與「恆」相對，其例正同；若依爻辭「咸其拇」、「咸其腓」等推論，則又必然有「感」義。然則「咸」卦之名，應兼具「感」、「速」兩義。以一字而同時包含兩義，即王引之所謂「訓詁之體，一字兼有數義」，亦是字義演繹的一種方式。

14.

「遯」字，《說文》：「逃也。」[95]《經典釋文》：「遯，……隱退也。匿迹避時，奉身退隱之謂也。」[96]黃沛榮師〈系統〉：「六二：『執之用黃牛之革，莫之勝說。』雖未見卦名『遯』字，然『說』字義同『脫』、『挩』，亦由『遯』義而生。」[97]則「遯隱」字為本義，六二爻

---

[93] 許慎著，段玉裁注：《說文解字注》，二篇上，頁二一a。
[94] 王引之：《經義述聞》，卷二，頁五〇a—b。
[95] 許慎著，段玉裁注：《說文解字注》，二篇下，頁一〇a。
[96] 陸德明：《經典釋文》，卷二〈周易音義〉，頁一三b。
[97] 黃沛榮：〈周易卦義系統之研究〉，頁一〇四。

辭則引申「遯」義，變為「說」（脫、挩）字。

15. 「大壯」的「壯」字，首見於戰國，字形本義，古文字學家有爭議，或認為从「土」，或認為从「士」，因為右偏旁隸釋不同，本義遂有爭議。[98]《說文》：「壯，大也。」[99]《經典釋文》：「王肅云：『壯，盛也。』」[100]朱熹《周易本義》：「大，謂陽也。四陽盛長，故為『大壯』。」[101]則「大壯」本義為陽之壯盛。然而「壯」字又有二說：其一、《周易集解》引虞翻：「壯，傷也。」[102]其二、王引之《經義述聞》卷二「故受之以大壯」條：「今案：壯者，止也。《傳》曰：『遯者，退也。』『物不可以終遯，故受之以大壯』者，物無終『退』之理，故止之使不退也。」[103]則依卦序關係，釋「壯」為「止」。無論義為「傷」或

---

[98] 何琳儀：《戰國古文字典》稱：「从土（原注：或作『立』形），爿聲。《淮南子・墬形》『壯土之氣』，《注》：『壯土，南方之土。』故壯之本義當與土有關。小篆土誤作士。」（上冊，頁七〇一）季旭昇《說文新證》指「壯」本義為「大」，取義於雄性的強壯：「『壯』字首見戰國，从士，爿聲。這時『士』字的意義已指男性。……或以為『壯』字从『土』（原注：或作立形。《戰國古文字典》七〇一頁說。）案：『壯』字或从『立』形，見楚系文字，其實楚系文字並沒有其它从『土』的偏旁可以和『立』相通的例子。」（卷一上，上冊，頁五一）

[99] 許慎著，段玉裁注：《說文解字注》，一篇上，頁四〇a。

[100] 陸德明：《經典釋文》，卷二〈周易音義〉，頁一四a。

[101] 朱熹：《周易本義》，頁一四〇。

[102] 李鼎祚輯：《周易集解》，卷七，頁一七〇。

[103] 王引之：《經義述聞》，卷二，頁六三b。

為「止」，都與壯盛義不相同，但都是以同音假借、字義引申的途徑，自「壯盛」義跳躍到新的意義。初九爻辭：「壯于趾，征凶，有孚。」此「壯」字為「壯盛」義，即今語「趾高氣揚」，再引申為「止」義。又上六爻辭：「羝羊觸藩，不能退，不能遂，无攸利，艱，貞吉。」《周易集解》引虞翻：「遂，進也。」[104]則「不能退，不能遂」，也有「止」之象。

16.「明夷」之「夷」，何琳儀釋金文字形，認為該字為「會夷人善製矢繳之意，矢亦聲。」[105]季旭昇取《說文》的解釋，釋字義為「平」，又說：「假借為東夷之人。」[106]《序卦傳》：「夷者傷也。」那就是讀「夷」為「痍」字。以此觀六二「夷于左股」，即傷於左股。屈先生《集釋初稿》亦釋「夷」為「痍」：「即後世痍字。」又說：「『夷』又有『滅』義，明入地中，其明滅也。」[107]「痍」和「滅」，略有差異但義可相通（「滅」義亦係從「傷」義引申而出），故後世經典二義結合。[108]「明夷」卦之「夷」字，已和「夷」的本義無關，而

[104] 李鼎祚輯：《周易集解》，卷七，頁一七三。

[105] 何琳儀：《戰國古文字典》，下冊，頁一二三九。

[106] 季旭昇：《說文新證》，卷一〇下，下冊，頁一一七。

[107] 屈萬里：《周易集釋初稿》，頁二二一。

[108] 《春秋》成公十六年《公羊傳》：「王痍者何？傷乎矢也。」（〔漢〕何休注，〔唐〕徐彥疏：《春秋公羊傳注疏》〔影印阮元校刻《十三經注疏附校勘記》本〕，卷一八，頁九b）《說文解字》：「痍，傷也。」（許慎著，段玉裁注：《說文解字注》，七篇下，頁三三a）

是直接用「痍傷」字。

17. 「井」字據甲骨文、金文字形，本義為水井，二爻至上爻爻辭均為水井義。然而初六：「舊井无禽。」王引之《經義述聞》：「禽，古擒字。擒猶獲也。引之謹案：《易》爻凡言『田有禽』、『田无禽』、『失前禽』，皆指獸言之。此禽字不當有異。『井』當讀為阱，阱字以井為聲，故阱通作井，與井泥不食之井不同。」⑩⑨依照王說，則「舊井」即「舊阱」，「舊阱无禽」即由「水井」義引申演繹而有之新義，因舊井乾涸，井泥不食，獵人遂取此井以為「阱」，爻辭意思是：用作「井」則無水，轉用作「阱」則無禽。上博簡本《周易》，「井」卦之「井」字皆作「汬」，即專取水井之義。後人若據此字而以為「井」卦本義，則其他引申義可能會被忽略。

18. 「革」字，何琳儀《戰國古文字典》釋金文字形，以為本義為「象皮革展開之形」。⑪⓪《說文》：「獸皮治去其毛曰革；革，更也。」段《注》：「二字雙聲，治去其毛，是更改之義。」⑪⑪則「革」本有二義。一指「治獸皮而去其毛」、一則引申為「事物之變化改易」，初九爻辭「鞏用黃牛之革」，用的是前一義；九五爻辭「大人虎變」、上六「君子豹變」，

⑩⑨ 王引之：《經義述聞》，卷一，頁五〇a。
⑪⓪ 何琳儀：《戰國古文字典》，上冊，頁三〇。
⑪⑪ 許慎著，段玉裁注：《說文解字注》，三篇下，頁一a。

用的是後一義。「革」卦從獸皮「更革」之義，演繹為形容大人君子，須累積內在之德行，始轉變而為外在既有文采又具威猛之貌。[112]

19. 「艮」，高亨《周易古經今注》：「『艮』即『見』之反文明矣。故余謂艮者顧也，从反見。顧為還視之義，引申為注視之義。艮亦為還視之義，引申為注視之義。本卦艮字皆當訓顧；其訓止者，當謂目有所止耳。」[113]筆者認為「艮」為顧視之義，證諸爻辭，是可信的。但「艮」字「訓止，當謂目有所止」，不確。「艮」卦與「震」卦相反亦相對，「震」象為「雷」，有「動」之象；「艮」象為「山」，相反則有「不動」之象。「顧視」之義，係從「止」義引申而來。依此推論，則「艮」卦同時有「顧」、「止」二義。

20. 「豐」，屈先生《集釋初稿》據《說文》釋為「豊」。[114]《說文》：「豊，行禮之器也。从豆，象形。……讀與禮同。」[115]同書「豐」：「豐，豆之豐滿也。」[116]于省吾《雙劍誃易經

---

[112] 高亨亦指出「去毛獸皮」之「革」（雄按：名詞）為本義，初九、上六用此義；「去獸皮之毛」亦曰「革」（雄按：動詞）為引申義，六二、九三用此義。（《周易古經今注》重訂本，卷四，頁三〇二）雄按：「小人革面」之「革」疑應讀為動詞，即指君子之變革自有符合其德性內涵之文采，小人之變革僅能改易其容色而已。

[113] 同前註，頁三一一。黃沛榮師〈周易卦義系統之研究〉一文亦採用高亨說（頁一一〇）。

[114] 屈萬里：《周易集釋初稿》，頁三三五。

[115] 許慎著，段玉裁注：《說文解字注》，五篇上，頁三九a。

[116] 同前註，頁三九b。

新證》：「古籀豊豐無別。」[117]由禮器之「豊」，引申為豐滿盛大之義。故爻辭演繹此卦卦名，六二「豐其蔀」、九三「豐其沛」、上六「豐其屋」，皆用「大」義，用以形容實物「蔀」、「沛」、「屋」。「豐其屋」之「豐」應作「寷」，據《說文》義為「大屋」。[118]亦因此而《彖傳》稱：「豐，大也。」

21.

「兌」，《說文》釋「兌」義為「說」，即今「悅」字；[119]「說」義為「釋也」。[120]據段玉裁《注》，「說釋」即「悅懌」，是因為「說釋」有「開解之意，故為喜悅」，則《說文》釋「兌」字為「喜悅」，釋「說」字則本於言說開解，而引出「喜悅」之意。「言說」、「喜悅」雖為共源，但終屬二義。高亨則以為「說」从「言」，專採「談說」之義為「兌」卦本義，認為六爻皆引申「談說之道」。[121]事實上，六十四卦中，含經卦「兌」者或有口舌之喻象，[122]故「兌」本主口舌，不必加「言」旁始有「談說之道」。黃沛榮師〈系統〉仍以為

---

[117] 于省吾：《雙劍誃易經新證》，卷三，頁一八b。
[118] 許慎著，段玉裁注：《說文解字注》，七篇下，頁七b。
[119] 許慎著，段玉裁注：《說文解字注》，八篇下，頁八b。
[120] 同前註，三篇上，頁一五a。
[121] 高亨：《周易古經今注》重訂本，卷四，頁三三二。
[122] 如「臨」內卦為「兌」，六三「甘臨」「為以甘說臨人之象」（朱熹《本義》說）；「咸」外卦為「兌」，上六「咸其輔頰舌」；「夬」外卦為「兌」，上六「无號，終有凶」；「中孚」內卦為「兌」，九二「鳴鶴在陰」，六三「或泣或歌」。

「兌有『喜悅』及『說話』二義」，[123]從六爻爻辭考察，似較屬實，不宜謂「兌」卦全無「喜悅」之義。然則以同一字而爻辭用作兩種意義，亦係本文所謂演繹之意。

22.

「渙」卦的情況與「井」、「兌」類似。依六三「渙其躬」、六四「渙其群。……渙有丘」、九五「渙汗其大號」、九五「渙王居」、上九「渙其血去逖出」，義均為《說文》所釋「流散」。[124]但九二「渙奔其机」、九五「渙王居」則不能釋為「流散」。黃沛榮師〈系統〉：「九二『渙奔其机。』九五『渙王居。』則又借『渙』為『奐』、『煥』，有明煥、奐飾之意。」[125]可見「渙」卦諸爻兼有「流散」與「明煥」二義，正如「井」爻辭同時具有「水井」、「陷阱」二義，「兌」爻辭同時具有「談說」、「說釋」、「喜悅」諸義。

《易》卦爻辭「字的本義→字的引申義→演繹為卦爻辭」的系統結構，已如上述。還有一種

---

[123] 黃沛榮：〈周易卦義系統之研究〉，頁一一二。按：《說卦傳》：「兌為口。」《正義》：「兌，西方之卦，主言語，故為口也。」（王弼、韓康伯注，孔穎達等正義：《周易注疏》，卷九，頁七a—b）朱駿聲《說文通訓定聲・泰部弟十三》「兌」條：「說也，从人，㕣聲。按：㕣非聲。當从八口，會意；八，象氣之舒散。」（頁三b）同部「兌」後緊接著為「說」條：「說，釋也。一曰談說也。从言兌，會意。按：兌亦聲。《墨子・經上》：『說，所以明也。』《廣雅・釋詁二》：『說，論也。』」（頁四a）據朱氏的考釋，「兌」字與口舌言語有關。

[124] 段《注》本作「散流」，說：「各本作『流散』，今正。分散之流也。」許慎著，段玉裁注：《說文解字注》，一一篇上二，頁三a。

[125] 黃沛榮：〈周易卦義系統之研究〉，頁一一三。

情況，就是以特殊的用字來闡釋爻位，再而演繹出各種新義。如二爻居於內卦的中間位置，有被初爻、三爻包覆、收納之義，因此衍發為爻辭，則常常出現「包」、「內」、「中」、「黃」等字，如「蒙」卦九二「包蒙，吉。納婦，吉。子克家」、[126]「泰」卦九二「包荒，用馮河，不遐遺。朋亡，得尚于中行」、「否」卦六二「包承，小人吉，大人否」、「姤」卦九二「包有魚，无咎，不利賓」均用「包」字；[127]「師」卦九二「在師中，吉」、「家人」六二「无攸遂，在中饋，貞吉」均用「中」字。又《左傳》昭公十二年：「黃，中之色也。」[128]故二爻亦多繫「黃」字，如「離」卦六二「黃離，元吉」、「遯」六二「執用黃牛之革，莫之勝說」、「解」卦九二「田獲三狐，得黃矢，貞吉」的「黃牛」、「黃矢」。二爻居中，故又有「幽囚」的象徵，如「履」卦九二「履道坦坦，幽人貞吉」、「歸妹」卦九二「眇能視，利幽人之貞」。由二爻又有中間、間界義的「介」字，如「豫」卦六二「介于石，不終日，貞吉」、「晉」卦六二「晉如愁如，貞吉。受茲介福于其王母」。「介」字甲骨文字形本義，何琳儀釋為「癬疥」，[129]季旭昇釋為「界畫」。[130]《說文》：「畫

---

[126] 一說「包蒙」應作「彪蒙」，孟喜、京房、陸績皆作「彪」，《經典釋文》：「鄭云：苞，當作彪。彪，文也。」（陸德明：《經典釋文》，卷二〈周易音義〉，頁三b）又高亨《周易古經今注》重訂本釋為「庖」，「包蒙」為「庖人目病生翳」，似不確（卷一，頁一七四）。

[127] 屈萬里：《周易集釋初稿》：「二五稱包。」（頁五一）。

[128] 杜預注，孔穎達等正義：《春秋左傳注疏》，卷四五，頁三二a。

[129] 何琳儀：《戰國古文字典》，下冊，頁九〇二。

[130] 季旭昇：《說文新證》，卷二上，上冊，頁七三。

也。」段玉裁《注》：

畫部曰：「畫，畍也。」按：「畍也」，當是本作「介也」。「介」與「畫」互訓。田部「畍」字，蓋後人增之耳。介、畍，古今字。分介則必有閒，故「介」又訓「閒」。

《說文》「介」字之後為「兆」字，義為「分也」，[131]如依《說文》體例，「介」有「間界」之義，是合理的。但依「豫」卦六二爻辭，「介」義為堅強，[132]則由間界義之「介」，引申為堅強義之「介」。至「晉」卦六二，又由間界義之「介」，引申為「大」義之「介」。[133]此亦屬於字義演繹的另一類型。

[131] 許慎著，段玉裁注：《說文解字注》，二篇上，頁二b。至於「介」字，本書審查人之一列舉例證，認為此字屬一字多義之例，故作「畍」（界畫）、「砎」（堅砎）、「芥」（纖芥）、「疥」（癬疥）、「蚧」（貝蚧）……，隨文見義，故「介」釋為「間界」、「堅強」、「介大」，或許並非連屬引申，恐是一形多義之現象反映。此一推論與本文主旨相同，謝謝審查人提出。謹附見於此，供學界參考。

[132] 《孟子》、《老子》書中均有「介然」一詞，義為堅強，屈先生《學易劄記》有說，參《讀易三種》，頁五〇三。

[133] 《經典釋文》：「介，音戒，大也。」（陸德明：《經典釋文》，卷二〈周易音義〉，頁一四b）「晉」卦六二爻辭「介福」即「大福」。

四、《易傳》對《易經》字義的演繹

《易傳》發揮《易經》義理，亦係依沿卦爻辭字義演繹的規律。茲舉數例說明如下：

(一)《彖傳》之例

《彖傳》於十翼之中，年代較早，而於字義的演繹，亦最為豐富。茲舉數例說明如下。如「乾」卦辭：

乾，元亨利貞。

「元亨利貞」四字，以「元」為首。據甲骨文和金文，「元」字本義是「人頭」，由具體的「人頭」意義，再而產生出《說文》所說的抽象的「始」義。[134]「乾」卦《彖傳》稱「萬物資始」，即是從「元」字的本義引申、衍生而來。又據甲骨文和金文，「天」字和「元」字一樣，本義為人頭；而《彖傳》作者又從「元」又引申「天」義，而推衍為「乃統天」三字。[135]「乾」既「統

[134] 詳本書第壹篇。《說文解字》：「元，始也。」（許慎著，段玉裁注：《說文解字注》，一篇上，頁一b）又季旭昇《說文新證》「元」條，指「元」本義為「首」、「人頭」，「『始』是『元』的引申義」、「《說文》訓為『始也』，是引申義，不是本義。」（卷一上，上冊，頁三〇）

[135] 許慎《說文解字》「元」字之後緊接著為「天」字，可證二字具有密切關係。

天」，「天」當能布雲行雨，於是又有「雲行雨施，品物流形」八字。[136]「元」本義既為「人頭」，又可引申出「首」字，[137]因此《彖傳》又說：「首出庶物。」

「同人」卦辭「同人于野，亨，利涉大川，利君子貞」。《彖傳》：

> 同人，柔得位、得中，而應乎乾，曰同人。同人曰：「同人于野，亨。利涉大川」，乾行也。文明以健，中正以應，「君子」正也。唯君子為能通天下之志。[138]

《彖傳》所謂「乾行」，亦即「健行」。「同人」外卦為「乾」，所謂「乾行」即扣緊外卦卦名「乾」字作出演繹。又屈先生《集釋初稿》：

> 「通」，釋「亨」。[139]

卦爻辭僅僅斷該卦為「亨」，《彖傳》作者則演繹此「亨」字，引申出「通天下之志」的新義。從

---

[136] 從「雲行雨施，品物流形」二語而言，表示「天」一字所取的應是自然之天而非道德之天。宋明理學家以自然之「天」推衍建構道德之「天」的觀念，則又是進一步的演繹。

[137] 《說文解字》：「天，顛也。」段玉裁《注》：「顛者，人之頂也。」（許慎著，段玉裁注：《說文解字注》，一篇上，頁一b—二a）「人之頂」，就是「頭首」的意思。

[138] 王弼、韓康伯注，孔穎達等正義：《周易注疏》，卷二，頁二六a—b。雄按：「曰同人。同人曰：『同人于野，亨。利涉大川』」，後「同人曰」三字疑衍，應作「曰同人。同人于野，亨。利涉大川」。

[139] 屈萬里：《周易集釋初稿》，頁一〇三。

詮釋的觀點看，屈先生所謂「釋」，也就是本文所謂演繹了。

又如「坎」卦《彖傳》：

習坎，重險也。水流而不盈，行險而不失其信。「維心亨」，乃以剛中也。「行有尚」，往有功也。天險，不可升也。地險，山川丘陵也。王公設險，以守其國。險之時用大矣哉！[140]

如依《說卦傳》，「坎」「為水、為溝瀆、為隱伏、為矯輮……」，[141]有眾多引申的喻象，但《彖傳》釋「坎」，只依「流水」義而引申至「險」，再進而敘列「天險」、「地險」、「王公設險」（即君子之險阻）等，暢論宇宙人生各種「險」的時用。

又如「謙」卦之名，本義為謙虛、謙抑之義。《彖傳》說：

天道下濟而光明，地道卑而上行。天道虧盈而益謙，地道變盈而流謙，鬼神害盈而福謙，人道惡盈而好謙。謙尊而光，卑而不可踰，君子之終也。[142]

這是一個非常生動的字義演繹之例。《彖傳》的「下」、「卑」、「虧」、「變盈」、「害盈」、「惡盈」、「尊」等七個字詞，都是自「謙」字落實在經驗界而有不同的情狀，也可以說是「謙」義發揮出

[140] 王弼、韓康伯注，孔穎達等正義：《周易注疏》，卷三，頁三三a—三四a。

[141] 同前註，卷九，頁九a。

[142] 同前註，卷二，頁三一b—三二a。

來的幾種不同的描述。「變盈」即改變盈滿之狀，「害盈」、「惡盈」義亦如此類推；「尊」字，依王引之《經義述聞》說，即「撙」字，義為「損」，即撙節退讓。[143]

（二）《繫辭傳》之例

「易」的名稱甚古，《左傳》昭公二年「季札觀書太史氏，見《易》象與魯《春秋》」；[144]昭公三十二年「在易卦雷乘乾曰大壯」，已有《易》名。《周易》之名，在《左傳》亦出現九次之多。[145]其後《莊子》、《荀子》、《周禮》、《大戴禮記》、《禮記》、《管子》、《戰國策》均稱《周易》為《易》。「易」字本義，或說為官名，或釋為二手持酒器，會「變易」之義，其後有「守宮」象形、日月合文等各種解說。唯據種種證據推斷，應為日光照射之義。[146]但其字的本義為何，於此暫且不論，據《周禮》「太卜掌三《易》之灋」，以及戰國史子文獻的稱謂，戰國時代「易」通指

---

143 王引之《經義述聞》：「『尊』讀撙節退讓之撙，尊之言損也，小也。」卷二，頁七a。

144 關於季札見《易》象於魯，歎周禮盡在魯矣之義，筆者另有〈易象覆議〉一文討論，大旨以為季札所觀之《易》非《周易》上下經，而是典籍所記周禮陰陽之義。

145 莊公二十二年「周史有以《周易》見陳侯者」、宣公六年「其在《周易》豐之離，弗過之矣」、宣公十二年「此師殆哉！《周易》有之，在師之臨」、襄公九年穆姜言「是於《周易》曰隨元亨利貞，无咎」、襄公二十八年子大叔言「《周易》有之，在復之頤」、昭公元年醫和曰「在《周易》，女惑男，風落山謂之蠱」、昭公五年「莊叔以《周易》筮之，遇明夷之謙」、昭公七年「孔成子以《周易》筮之」、哀公九年「陽虎以《周易》筮之」。

146 詳本書第壹章。

當時的「筮書」之《易》而言。而《繫辭上傳》引申演繹「易」字，說：「乾以易知，坤以簡能；易則易知，簡則易從；易知則有親，易從則有功；有親則可久，有功則可大。」這段文字顯示字義演繹極清晰。《繫辭傳》作者將「易」字由筮書之名，引申為「易簡」（意謂簡易）之義。六十四卦以「乾」、「坤」為首，故以「易」字繫於「乾」之後，再衍為「乾以易知」四字；以「簡」字繫於「坤」之後，再衍為「坤以簡能」四字。再逐步演繹其意義如下：

易→乾易→（乾）易知→有親→可久→賢人之德↘

簡→坤簡→（坤）簡能→有功→可大→賢人之業↗ 易簡而天下之理得

從此可見《繫辭傳》作者，從一「易」字，變更其義，演為「易簡」之義，然後再依照這兩個字，逐步建構一個完整的賢人德業並重、得天下之理的敘述架構。

《繫辭下傳》：「復，小而辨於物。」「復」本義為回復、恢復。王引之《經義述聞》：

今案：小，謂一身也，對天下國家言之，則身為小矣。辨，讀曰徧。古字辨與徧通。「復」初九《傳》曰：「不遠之復，以脩身也。」所脩惟在一身，蓋亦小矣，而身脩而後家齊，家齊而後國治，國治而後天下平。萬事之大，無不由此而徧及，故曰「復小而徧於物」。147

則演繹「復」卦「回復」、「返復」義，為反身修身之義，都是以「復」字本義為核心的演繹。

(三)《象傳》之例

「坤」字形與陰雨雷電有關。唯「坤」卦《象傳》「地勢坤」，則借聲音的相近，衍生為「順」字，取平順之義。王引之《經義述聞》：「《說卦傳》：『乾，健也；坤，順也。』乾與健聲近，坤與順聲近。乾《象傳》『天行健』，健即是乾；坤《象傳》『地勢坤』，坤即是順。是坤與順聲相近也。」148「地勢坤」，即「地勢順」之意。

又「履」卦《象傳》「上天下澤，履；君子以辯上下，定民志」，《集釋初稿》：

履，禮也。禮之要在明尊卑、定上下，故有「辯上下定民志」之言。149

屈先生「履，禮也」之說是正確的，馬王堆帛書《周易》「履」卦，「履」皆寫作「禮」，可為旁證。則據屈先生的解釋，「履」、「禮」二字之間具有演繹關係——從「鞋履」義引申為「踐踏」

147 王引之：《經義述聞》，卷二，頁四一b—四二a。
148 同前註，卷一，頁五a—b。
149 屈萬里：《周易集釋初稿》，頁八四。

義；《象傳》再衍生「辯上下，定民志」的「禮」的功用義。要注意的是：在這裡「履」與「禮」既是聲音的相近，也有意義的聯繫，與一般的假借（如燃燒之「然」，借為語詞之「然」）不同。

「隨」卦本義為「追隨」、「追尋」之義，至《彖傳》則結合《易經》重「時」、「位」的思想，稱「天下隨時」；至《象傳》稱「君子以嚮晦入宴息」，認為日暮之後，應該休息，即發揮「隨時」的思想。[150]

又如「解」卦，《彖傳》：「解，險以動，動而免乎險，解。」朱子《周易本義》：「解，難之散也。」[151]《象傳》：「雷雨作，解，君子以赦過宥罪。」黃沛榮師〈系統〉：「皆由消釋、解緩之義衍生。」[152]所謂「衍生」，即筆者所謂「演繹」。

又如「艮」於八卦為山，有不動之象，與「震」的動之象相對。「艮」作為「山」之形象，為不動；引申於人，則有反躬自立之義。故六四《象傳》：「艮其身，止諸躬也。」又：「君子以思不出其位。」可注意的是，《象傳》所演繹的「不動」，並非有形的身體行為的「動」、「靜」的不動，而是引申到抽象意義的德性上的自省。其實《易傳》此一類的演繹頗多。前引《繫辭傳》

---

[150] 參黃沛榮：〈易經卦義系統之研究〉，頁九七—九八。

[151] 朱熹：《周易本義》，頁一五七。

[152] 黃沛榮：〈易經卦義系統之研究〉，頁一〇七。

「復，小而辨於物」即係一例。

「兑」字本義，不易確考，但在「兑」卦中兼衍「喜悅」、「談說」二義，則可以確定。《象傳》引申為「君子以朋友講習」，即將「說釋」引申至朋友研討學問，由於是「朋友」，故情洽而喜悅；由於是「談說」，故能切磋講論。

㈣《文言傳》之例及其他補充

「乾」卦辭：

> 乾，元亨利貞。

《文言傳》：

> 元者，善之長也；亨者，嘉之會也；利者，義之和也；貞者，事之幹也。君子體仁足以長人，嘉會足以合禮，利物足以和義，貞固足以幹事。君子行此四德者，故曰「乾，元亨利貞」。

「元亨利貞」四字，以「元」為首。如前文分析，「元」字本義為人首；從人首又衍伸有「始」義；同時，「元」又有「天」義，「天」字與「大」字意義本近。[153]《文言傳》稱「元者，善之長

---

[153] 「天」字象人頭之形，「大」字甲、金文本象人形。《說文解字》：「天，顛也。至高無上，从一大。」段《注》：「至高無

也」，「長」字亦有「大」義，如《呂氏春秋．任數》「今亂而無責，則亂愈長矣」句，高誘《注》釋「長」為「大」。[154]因此《文言傳》的「長」字，應該是來自卦辭的「元」字。《文言傳》又說「君子體仁足以長人」，「君子」云云，卦辭未提及，不過九三爻辭「君子終日乾乾」，九五爻辭「利見大人」，「大人」與「君子」都屬統治者。再結合前文「元」、「大」二字字義，而由「善」字推衍出「體仁」的觀念，由「元亨利貞」的「元」字，和「利見大人」的「大」字推衍出「長」字。《文言傳》「嘉會足以合禮，利物足以和義，貞固足以幹事」三句，亦都是以卦辭的內容為中心，演繹推衍而成。又《象傳》：

天行健，君子以自強不息。[155]

《說卦傳》：

乾，健也。[156]

上，是其大無有二也。」」（許慎著，段玉裁注：《說文解字注》，一篇上，頁二a）是一種後起的解釋。不過這種解釋似與《易傳》作者的講法，頗為一致，可能同時反映戰國時期的經說。

[154] 舊題〔秦〕呂不韋撰，許維遹集釋，梁運華整理：《呂氏春秋集釋》（北京：中華書局，二〇〇九年），卷一七，頁四四三。

[155] 王弼、韓康伯注，孔穎達等正義：《周易注疏》，卷一，頁八a。

[156] 同前註，卷九，頁六b。

《象傳》作者和《說卦傳》作者俱以「健」訓「乾」，用的應該是聲訓的方法。157

上述此一釋經之例，近代學人知此解者亦大不乏人，舉《周易》「小畜」卦為例。「小畜」卦辭「亨，密雲不雨，自我西郊」，《彖傳》說：

> 密雲不雨，尚往也；自我西郊，施未行也。158

屈先生《集釋初稿》「小畜」卦條說：

> 乾《象傳》：「雲行雨施。」益《象傳》：「天施地生。」《春秋繁露》：「天道施。」施皆謂降雨。此「施未行」，即釋「密雲不雨」也。159

屈先生據《彖傳》以釋《彖傳》，又引《春秋繁露》，證明「施未行也」應該是詮釋「密雲不雨」而非「自我西郊」。而高亨《周易大傳今注》「小畜」卦「附考」則說：

---

157 帛書《周易》「乾」卦作「鍵」，可供參證。楊秀芳從「詞族」觀念考察，認為「健」、「鍵」、「楗」、「犍」「鞬」、「建」等字，屬同一詞族，均有豎立、撐持的意思。此說亦可參。詳楊秀芳：〈論動詞「楗」的語義發展〉，《中國語言學集刊》第一卷第二期（二〇〇七年十二月），頁九九—一一五。又參楊秀芳：〈從詞族研究論「天行健」的意義〉，收入鄭吉雄、佐藤鍊太郎合編：《臺日學者論經典詮釋中的語文分析》，頁三五—七五。

158 王弼、韓康伯注，孔穎達等正義：《周易注疏》，卷二，頁一四b。

159 屈萬里：《周易集釋初稿》，頁七八。

亨按：傳文當作「密雲不雨，施未行也；自我西郊，尚往也」。蓋傳寫誤竄。《文選》潘安仁〈閑居賦〉：「陰謝陽施。」李《注》：「施，布也。」《大戴禮記．曾子天圓》篇：「陽施而陰化也。」義同。施未行謂雲布而雨未行，施字正釋密雲，未行正釋不雨，則「施未行也」當在「密雲不雨」之下，明矣。[160]

高氏亦引經部《大戴禮記》及集部《昭明文選》，論證「施」義為「布」，與屈先生「施皆謂降雨」的推論，義稍不同，但對於「施未行也」應為詮解「密雲不雨」一句，則推論理由相同，所得結論亦相同。不過高亨直接指傳本《周易》為「傳寫誤竄」，等於主張《彖傳》本文應修正為「密雲不雨，施未行也；自我西郊，尚往也」。總之，《彖傳》的「施未行也」是從卦辭「密雲不雨」四字演生出來，而屈、高二位前輩之所以得出如是的結論，正是因為他們都依據《彖傳》與卦爻辭之間密切關係推論的緣故。[161]

如果我們說《易傳》的作者脫離了《易經》的卜筮內容而作了嶄新的發揮，那麼《易經》的作者跳脫「屯」、「離」、「蒙」、「坎」等字的本義，不也是作同類型的嶄新發揮嗎？如果我們認同並且推崇《易傳》的作者們對《易》理作全新的發揮和演繹；那麼我們為何不能用同樣的標準，

---

[160] 高亨：《周易大傳今注》，頁一三八。

[161] 《彖傳》「密雲不雨，尚往也；自我西郊，施未行也」義理，其實並不如屈、高二先生所論為「傳寫誤竄」。此四句蓋指文王之事，「密雲不雨」意指文德之蓄積，目的在於翦滅殷商，故謂「尚往」，意即有所進取。「自我西郊」意指文王未發兵，目的在「積善累德，諸侯皆嚮之」（《史記．周本紀》語），故謂「施未行也」。

承認這種發揮和演繹的工作，早已存在於卦爻辭之中，並推崇其撰著者演繹字義的智慧呢？《易經》作者在卦爻辭中大量運用字義演繹的方法，其實就是《易傳》在義理上引申、演繹方法的真正源頭。證據俱在，我們還可以說《易傳》和《易經》毫無關係嗎？

五、結論

卦爻辭字義的演繹，歸納其情況，大約可分為以下六種：

1. 卦名為虛義，而演繹出具體實義。如「乾」為日光上出，演繹為剛健之「龍」及乾乾之「君子」之例。
2. 卦名為實義，而演繹出抽象意義。如「革」初義為皮革，演繹為更革義。
3. 卦名的詞義，隨著詞性的轉變而轉變，如「履」由名詞（鞋履）變為動詞（踐履），「同人」由動詞（聚眾）變為名詞（友輩）。
4. 將卦名之字同時在爻辭中發揮兩種意義。如「井」、「兌」、「渙」等例。
5. 以卦名之字為本，引申為另一字，再演繹其意義（即兩階段的演繹），如「蠱」本義「惑」引申為「事」，於爻辭則依「事」字的引申義而再演繹。

6. 卦名以及爻辭具有一直線發展的意義，但卦象又具有另一意義，與卦名本義不同。如「艮」、「咸」之例均屬此類。

前文提及「經傳分離」說共包含三說。本文對於第一說及第三說，即卦爻辭是否為純粹卜筮之書，以及《易傳》思想與先秦諸子之關係，皆別有論文分析申論，以均非本文主旨，故於此暫置不論。

至於第二說，則本文透過分析卦爻辭字義的演繹，說明了「傳」解「經」之法，實來自於「經」。《易經》一卦之中，自卦辭而爻辭，演繹字義，基本上就是一種廣義的義理引申；「傳」復取「經」中一字一詞，加以發揮、演繹，創造新的義理。故就詮釋方法而言，《周易》經、傳之間，形態上實為一貫，方法上實為一致，雙方具有密不可分的關係。學者研究《易傳》義理，絕不可以對卦爻辭字義演繹置之不理。卦爻辭的結構，倘如朱伯崑所說，編纂者企圖將之系統化，那麼撰著者系統化的主要方法之一，就是依據漢語漢字的特性，突破單字單義的規範，將字義作各類型跳躍式的演繹。《易傳》既無法脫離漢語語言的特性，同時又深受卦爻辭文辭的演繹方式，於是作更進一步的發揮，而創造出種種新的意義。因此，我們若真的認為《易傳》建構了一個新的哲學世界，那麼我們就必須承認，這個世界的構築、型態，早已在《易經》奠下穩定的基礎。

朱子在《易學啟蒙》卷四指出「乾」卦「群龍无首」就是「坤」卦的「牝馬先迷」；「坤」卦

的「利永貞」就是「乾」卦的「不言所利」。[162]這個見解極精到，說明了「乾」、「坤」二卦的辯證關係。解釋經典的學者，若不諦視文辭內容的涵義，往往很容易將這些隱蔽處輕輕放過。將《啟蒙》的例子，與本文所強調的字義演繹的例子相比較，前者表述同一意義（乾坤互動），卻用了不同的文辭內容（即乾坤二卦的內容）；後者則用相同的文辭（同一字義），卻演繹出豐富的創造性涵義。《周易》經傳內容在「詮釋→再詮釋」此一衍生層累的過程中，所形成的複雜結構，於此可見一斑。我們論「經典詮釋」，在奢言哲理問題之前，實在不能不隨時對經典的語文結構，保持高度的警覺。

卦爻辭字義的演繹，事實上是以漢字漢語的意義、孳乳衍生的特性為基礎的一種演繹方式。漢字形音義具備於一體：或先有字形而後讀音，或先有音義而後有字形；而在聯字綴詞、成為文章的過程中，依據此一特性作意義的發揮，必然在一定程度上，需要跳脫原來形音義的局限，而作出一些新的意義轉化。如果我們不去仔細審視卦爻辭這種字義演繹的實際狀況，就很容易籠統地以「表象」視之，或稱之為假借，或稱之為附會，而忽略了這種源出於漢語語言特性的演繹方式，實深深地影響了後來《易傳》對《易經》演繹方式的事實。

---

[162] 朱熹：《易學啟蒙》，收入《朱子全書》（上海：上海古籍出版社，合肥：安徽教育出版社，二〇〇二年），第一冊，頁二五九。關於「乾」、「坤」二卦的關係，詳拙著：〈從乾坤之德論「一致而百慮」〉，《清華學報》第三二卷第一期（二〇〇二年六月），頁一四五—一六六。

叄、《易經》身體、語言、義理的開展

——兼論《易》為士大夫之學*

一、問題的提出

上篇〈從卦爻辭字義的演繹論《易傳》對《易經》的詮釋〉（以下簡稱〈字義演繹〉）提出一個詮釋的觀點，認為卦爻辭的作者扣緊各「卦」的卦名，❶在卦爻辭的內容中作出演繹，用以引申各種新意義。然而，該文尚未來得及再深入問題的根本：何以卦爻辭作者認為藉由文字形音義

* 本文原於西北大學「第二屆中國經學國際學術研討會」（二〇〇七年八月二八—二九日）宣讀，旋在清華大學（北京）歷史系「經學講壇」（二〇〇七年九月）中向研究生講授，後刊《中國典籍與文化論叢》第一二輯（北京：北京大學出版社，二〇〇九年），頁四—二三。

❶ 亦即一卦卦爻辭圍繞的主旨之一、二字，如「漸」卦中各爻爻辭以「漸」為說，「大壯」卦中各爻多論「陽」（大）、「壯」之義等等。

的牽合和比附，可以讓各個引申和演繹出來的新意義，彼此連合無間，而共同支撐一卦的卦義系統？也就是說，何以《易經》的作者會認為運用「多重語義」推衍出「多重意義」之方法，可以成立，而不至於讓經典的意義，變成一團鬆散而無關聯的「意義群」？譬如「革」卦之「革」，原指獸皮，即初九所謂「鞏用黃牛之革」；❷而作者引申為「虎變」、「豹變」，有更革之義，九四「改命」，更已透露出《彖傳》「應天順人」的革命之意涵。何以作者認為獸皮之「革」、可以與虎變、豹變之「革」、以及「改命」之「革」合置於一卦之中，可以互通無礙，共同支撐「革」卦的卦義？

正如本書提出的解釋理論：語言既是考據訓詁問題，也是義理問題。語義的關聯現象，除了奠立於語言的結構關係外，也必然有哲理作為其基礎。本文試圖從《易經》的宇宙觀切入，說明《易經》字義演繹原理的基礎，與卦爻辭以「人」為宇宙中心的思想有關，也與《易》為士大夫之學的本質有關。本文將分別以「《易經》以『人』為中心的宇宙觀」、「卦爻辭語義的二重性」、「從身體到語言：論《易》為士大夫之學」三部分，層層切入探討卦爻辭運用「字義演繹」之法的方法論依據，在於認為「語言」源出於「人」的身體，而人的身體因為得自於天地，效法於天地，因此反映天地陰陽的道理規律。換言之，「語言」的活動，語義之可以擴充衍伸，均源出於

❷《說文解字》：「鞏，以韋束也。」段《注》：「《詩・大雅》：『藐藐昊天，無不克鞏。』毛曰：『鞏，固也。』此引伸之義也。」（許慎著，段玉裁注：《說文解字注》，三篇下，頁二b）「革」卦初九爻辭意指以獸皮將物品束縛牢固。

「人」為中心的宇宙觀。本文可以說是〈字義演繹〉一文論題的進一步發展。

二、《易經》以「人」為中心的宇宙觀

《周易》一卦六爻，爻辭每受到內、外卦（或稱上、下體）卦象與卦德的影響，而有各種不同的繫辭。❸一卦之中，每有完整的喻象，六十四卦之間彼此又各不相同。大致而言，一卦自內而外，自下而上，通常有一個明確的方向性：或喻一事發展的先後過程，或喻人生行事的基礎與發展，或就某一事而喻自身與國家之遠近。故《易》所謂「貞」、「悔」，實即指一事發展之基礎及結果而言。以占斷而論，本卦為貞，之卦為悔；就一卦而論，則內卦為貞，外卦為悔；就錯綜之二卦（如「乾」與「坤」、「屯」與「蒙」）而論，則貞悔為一相對待之循環。又《易經》卦爻辭例，往往運用一個人的軀體來比喻外在世界的某一種義理，具體而言，即以人身的「足」、「履」比喻初爻，而以人身的「頭」「首」比喻上爻。其間的微妙之處，頗有趣味；謹舉數例，說明如下。

---

❸ 例如「坎」有陷阱、洞穴之象，故諸卦从「坎」的內卦或外卦，爻辭多繫以洞穴，「坎」卦初六、六三均稱「入于坎窞」，即是最好的例子。又如「兌」卦有口舌之象，故六十四卦諸卦从「兌」者，多有刑獄之象。如「履」卦九二「履道坦坦，幽人貞吉」即為一例。這些都是治《易》者通知的義例，毋須費辭。

關於初爻有「足」、「履」之義，如「坤」卦䷁喻地、或喻水，❹初爻「履霜堅冰至」，「霜」是固態的「水」，落於地面變為堅冰而成為「地」的一部分。故「履霜」之「履」，無論作為動詞之「踐履」或作為名詞之「鞋履」，均與「足」、「地」有關。又如「履」卦䷉初九爻辭「素履，往，无咎」，「履」卦有踐履德行之義，❺「素」義為白，故「素履」之義，表層意義即白色之鞋履，深層意義即樸素地踐履德性、也就是實踐禮儀之意。又如「離」卦䷝初九「履錯然」，意指穿著華麗鞋履之人；「大壯」䷡初爻爻辭「壯于趾」，意指趾高氣揚。❻以上都是十分明顯的例

---

❹「坤」卦喻水，就《帛書周易》而論，「坤」卦即作「川」。（鄧球柏：《帛書周易校釋》增訂本，頁二一六）王引之《經義述聞》指出，古本《周易》本作「巛」、「𡿦」或「川」。（雄按：上博簡本《周易》字形略同）我分析認為「坤」同時兼有「水」和「地」兩種意義。說詳本書第壹篇及拙著：〈從《太一生水》試論《乾．象》所記兩種宇宙論〉，頁一三九—一五〇。

❺「履」與前一卦「小畜」為反對之關係。「小畜」所謂「復自道」、「有孚攣如，富以其鄰」，都含有自修德行之義，故《象傳》詮釋卦義為「君子以懿文德」（王弼、韓康伯注，孔穎達等正義：《周易注疏》，卷二，頁一五b—一六b）。畜積懿德是為「小畜」，畜積賢者是為「大畜」。又按：「履」卦與「小畜」相對，講的是內在的文德實踐為外在的禮儀。故屈萬里《周易集釋初稿》說：「履，禮也。」（頁八四）黃沛榮〈易經卦義系統之研究〉：「履本為『鞋履』之義，引申為踐踏。……《易》傳又引申為『禮』，蓋因禮為人所共履之道。」（頁九四）

❻注家多釋初九爻辭之「壯」字為「傷」，即傷於足趾之意。拙見認為，「大壯」卦本指陽氣壯盛，繫於初爻，即指陽氣自足趾壯盛，故為「征凶」之象。《春秋》桓公十三年《左傳》：「十三年春，楚屈瑕伐羅。鬭伯比送之，還謂其御曰：『莫敖必敗。舉趾高，心不固矣。』……羅與盧戎兩軍之，大敗之。莫敖縊于荒谷。」參杜預注，孔穎達等正義：《春秋左傳注疏》，卷七，頁一四b—一五b。《左傳》的內容實即與「壯于趾」相對應、呼應的故事。《易經》與經史子文獻類似相呼

子。

關於上爻有「頭」、「首」之義，如「比」卦䷇上六「比之无首，凶」，❼從字面的意思講，上六為陰爻，居九五之上，故稱「无首」；從深層的意義講，「比」卦卦義在於親附，與前一卦「師」卦䷆比喻軍隊或戰爭、意義為相對。「比」主要講的是鄰國、他國的親附與否，故卦辭稱「不寧方來，後夫凶」。❽「比」九五以陽爻居尊位，爻辭「王用三驅」，特意繫以「王」字，以喻諸侯或天子；上六則處於九五之上，而為陰爻。就二爻而論，九五以王者之姿可以獲得親附，符合「比」的精神；上六位居王者之上但無可親附，故稱「无首」。又如「大過」䷛上六「過涉滅頂」，繫以「頂」字；又「既濟」䷾、「未濟」䷿上爻爻辭均稱「濡其首」，繫以「首」字，均屬此例。

一卦六爻自「初」至「上」，可以比喻人的身體；將卦名與身體自下而上各部位的器官結合一起，引申出新的意義。如「咸」卦䷞初六爻辭「咸其拇」，「咸」字字義為感動，「咸其拇」即

應的例子頗不少。

❼《熹平石經》（參羅振玉：《漢熹平石經集錄續補》〔北京：北京圖書館出版社，二〇〇五年《歷代石經研究資料輯刊》，第五冊〕，頁一a）、帛書本《周易》（鄧球柏：《帛書周易校釋》增訂本，頁一五八）、上博簡本《周易》（馬承源主編：《上海博物館藏戰國楚竹書（三）》，頁二二）均作「比无首，凶」，宜從之。

❽「方」字甲骨文、金文中常指邦國。「不寧方」，指相爭戰、不服從的國家。故「不寧方來」，即如屈萬里所釋「蓋謂不寧之國來歸。」參《周易集釋初稿》，頁四八七—四八八。

動其足趾；六二爻辭「咸其腓」，「腓」為小腿肚，❾九三爻辭「咸其股」，「股」為大腿。自初爻至三爻，即象喻人的下半身——由足趾之動至於大腿之動。九四「憧憧往來」，眾人來來往往，是形體上的動；「朋從爾思」，則是心情上的動；九五「咸其脢」，「脢」為背上肉。然則，九四、九五擴及於腰部以上之軀體（心胸），而且由外在的軀體之動、漸及於內在的心性之動。❿最後「感動」至於上六，則推擴及於頭部的器官，爻辭稱「咸其輔頰舌」，雖不言「凶吝」，但凶象已甚明顯。搖動口舌，等於「頤」卦䷚所謂「舍爾靈龜，觀我朵頤」，恃口舌為感動他人之物，反而有凶吝之象。⓫「離」卦䷝初九「履錯然，敬之，无咎」，上九「王用出征，有嘉折首，獲匪其醜，无咎」。初爻繫以「履」字，上爻繫以「首」字，亦是其例證。

「噬嗑」卦䷔的情形非常特殊，它亦以一身為喻：初九爻辭「屨校滅趾」，符合初爻以「足趾」為象之例，上九爻辭「何校滅耳」，耳朵屬於頭部的器官，又符合上爻以「頭首」為象之例。但就全卦卦象和卦辭通體而觀，則「噬嗑」象徵人的嘴巴，咬著一物。從卦象的表層意義

❾《說文解字》：「腓，脛耑也。」（許慎著，段玉裁注：《說文解字注》，四篇下，頁二六a）

❿雄按：九五爻辭「咸其脢，无悔」，脢在胸腹之後，本不易動，現今則隨雙腿之動而動，表示身心一致的狀態，故爻辭稱「无悔」。《象傳》釋為「志末也」，可謂得其正解。

⓫故王弼《注》稱：「咸道轉末，故在口舌言語而已。」（王弼、韓康伯注，孔穎達等正義：《周易注疏》，卷四，頁三b）朱熹《周易本義》：「上六以陰居說之終，處咸之極，感人以言而无其實。又兌為口舌，故其象如此，凶咎可知。」（頁一三四）

看，初九及上九象徵嘴唇，九四則象所咬之物；如從爻辭內容深究其卦象的深層意義，則初爻和上爻喻指受刑之人，二至五爻喻指施行刑罰之事。⓬「噬嗑」字義本為咬合，《說文》：「噬，啗也。」王弼《注》：「噬，齧也。」又拘縛的刑具，亦用金屬咬合的原理，故「噬嗑」引申為刑具，而與刑獄有關。⓭「噬嗑」卦辭稱「亨，利用獄」，即此意。至於「噬嗑」卦卦義，亦呈現一種以人身為主體的整體性。初爻「屨校滅趾，无咎」，足趾受到刑具束縛，並不是重大的刑罰，有小懲大戒、期於改過之意；「何校滅耳」，頭首負上大的刑枷，至於掩滅雙耳，不但喻指罪名重大，而且含有受刑者無法聆聽外界勸喻之意，故爻辭斷以「凶」字。

「頤」卦䷚也是以身體為喻，但不是自足至首，而是更集中在嘴巴。原來卦辭「觀頤，自求口實」已經指出。所謂「口實」，其義有二：一指食物，如六二「顛頤，拂經」指食物塞滿嘴巴不能言語；一指言語，如初九「舍爾靈龜，觀我朵頤，凶」，即指將神靈大龜之占斷置之不理，反而聆聽我之喋喋不休；上九「由頤，厲，吉。利涉大川」，「由頤」義指暢所欲言。一個人暢所欲言，可以致福，亦可以取禍，故為「厲，吉」。如《尚書》訓誥之屬，即係言語可以致福；〈大

⓬ 六二「噬膚，滅鼻」、六三「噬腊肉，遇毒」、九四「噬乾胏，得金矢」、六五「噬乾肉，得黃金」。四爻所「噬」之物即受刑之人，「噬」之主體即刑獄。

⓭ 詳參本書第貳篇。王弼《注》：「噬，齧也。嗑，合也。凡物之不親，由有間也；物之不齊，由有過也。有間與過，齧而合之，所以通也。刑克以通，獄之利也。」（王弼、韓康伯注，孔穎達等正義：《周易注疏》，卷三，頁一一a）

學〉所謂「一言僨事」，⓮即指言語可以致禍。從「頤」初九至上九，可知該爻是以「慎飲食」來譬喻「慎言語」——進食可以養生，亦易致疾病；言語可以興邦，亦可以喪邦。二者都是君子所當注意謹慎的。「頤」之基礎，以慎言而始，勿觀人之朵頤；而「頤」的結束，「由頤」可用以治國，但亦有危險，亦必須謹慎。

以上提出幾個例子，說明《易經》以「逆數」⓯為爻序、以六爻來比喻人類自「足」至「首」整個身體的例子。這些例子不可能遍及六十四卦，因為六十四卦有很多類喻象，並非只表達一類意義。但綜觀上文，以六爻比喻身體，已顯然無疑，說明了卦爻辭的作者是企圖藉由「卦」與「爻」，來展現「人」的身體和外在世界之間，在具體的結構上和抽象的含義上，恆常存在互相交映的對應關係。再加上《易》原本是一部教育士大夫的典籍（詳下文），也就表示：卦爻辭所展現的，是「君子」（卦爻辭之「君子」即指士大夫）以自身為宇宙中心、以修飭自身形體與精神生命為基礎、以經緯世宙、博施教化為目標的學問。二十世紀古史辨學者傾盡全力將《易經》形塑為一部問卜迷信的記錄，那真是太小看了這部精深奧博的經典了。

倘若先確立了「卦爻辭已具有某一種世界觀」的角度考察《易經》中的諸卦，就更不難看出其中所蘊含的道德義涵的內容。這些內容，有時透過互為反對的一組卦共同結構中展現，有時就

⓮ 鄭玄注，孔穎達等正義：《禮記注疏》，卷六〇，頁八b。

⓯ 即初爻至上爻自「下」而「上」的發展。

在一卦之中展現。前者之例，如「小畜」卦䷈與「履」卦䷉：「小畜」就卦名而言，指水氣之畜積，故卦辭以「密雲不雨」為說，但爻辭則引申至討論個人德行的畜積，⑯如初九「復自道，何其咎」，即回復、依循正道而行之意，故能无咎，這是屬於個人之「畜」；九五爻辭「有孚攣如，富以其鄰」，畜積德行至於建立堅實的「孚信」，則福澤能沾溉鄰人或鄰國（倘至於「大畜」䷙，所論之「畜」則超越於一己一身，而涉及「養賢」之事。說詳下）。至於緊接著「小畜」卦並與之反對的「履」卦，指的是對於內在孚信、文德的外在踐履。故初九為「素履」即樸實無華的踐履文德；上九「視履考祥，其旋元吉」則指觀察所履之處（視履）、研求其中吉凶善惡之徵（考祥），能反省自復於道（其旋）則為大吉。兩卦都是講的君子踐履道德之事，不過「小畜」以近於內聖而偏於自治，「履」卦則近於外王而喻指治民。

當然，有部分學者始終無法認同《易經》具有德性義涵，更不承認遠古先民即已經有所謂以「身體」開展義理的觀念。實則西周以前，遠古先民早就有「人」與「天地」為合一的思想；撰著於西周時期的卦爻辭，就更不用說了。考古學者早已從古代墓葬的形制中，發現古人以身體部位與方位來體現「人」與宇宙之間的對應關係。馮時就引述位於遼寧省淩源、建平兩縣交界處的

---

⑯「小畜」卦辭「密雲不雨，自我西郊」，依《象傳》「施未行」、「尚往」之解，即指文王畜積文德於西郊，未著手翦滅殷商之事。《象傳》引申為君子普遍積德之訓，故稱「君子以懿文德」，即引申此意。

牛河梁紅山文化遺址為例，⑰說明考古文物所反映古人以身體反映陰陽交泰的觀念。該墓內葬一人，頭向正東，仰身直肢，兩腿膝部相疊交，左腿在上，右腿在下，形成一個「交」的形態。馮教授根據《周髀算經》所講之「髀」指的是人的大腿骨的長度，再結合墓葬的形制，指出「古人用以測定時間的表正是為模仿人體測影而設計，而直立的人體正是由腿骨所支撐」的原理。他分析並推論該墓主的兩腿交疊的形態即體現一種天地交泰的思想。⑱此可見，遠古先民以身體比附外在世界的客觀規律，是證據確鑿的事實。

回來再談《周易》，試仔細考察我以下提出的兩個例子，當可知拙見所謂的卦爻辭具有德性義涵，所言不虛。第一是「比」卦䷇，義為親附，從六四「外比之」一語看，內卦三爻均喻指親附的基礎，也就是大人君子的「孚信」。故初六爻辭「有孚比之，无咎。有孚盈缶，終來，有它吉」，這段爻辭的意義，是說有孚信的親比，則能无咎；若國君擁有豐厚充盈的孚信，⑲則

⑰ 馮教授指出該處所是一處建築有圜丘和方丘的禮祀天地的早期祭祀遺址，年代約為距今五五〇〇—五〇〇〇年。方丘西側的墠旁分布的墓葬卻顯然應與這兩處天地祭壇有關，其中規模最大的一座墓葬 M4 尤為特別。該墓墓長一・九八米，寬〇・四—〇・五五米。

⑱ 馮時：〈天地交泰觀的考古學研究〉，收入葉國良、鄭吉雄、徐富昌合編：《出土文獻研究方法論文集・初集》（臺北：臺灣大學出版中心「東亞文明研究叢刊」，二〇〇五年），頁三二三—三三八。

⑲ 《經典釋文》「缶」：「瓦器也。鄭云：汲器也。」則「缶」是裝水的器皿，「盈缶」指滿溢。（陸德明：《經典釋文》，卷二〈周易音義〉，頁五 a）

敵國終將遠來親附，且有其他吉慶之事。六二爻辭「比之自內，貞吉」，以六二居內卦，故稱「自內」，亦以喻君子的內心。發自內心的信孚為基礎的親附，當能有貞吉之結果。第二個例子是「謙」卦䷎，卦辭「亨，君子有終」，訓誨的意義至為明顯，意指君子能謙，則必能亨而有好的結果。「謙」卦內卦為艮，外卦為坤，初六「謙謙君子，用涉大川吉」，二三四爻為互體「坎」，初爻居坎之下，故有涉川之象，君子謙虛不矜意氣，則雖身涉危險，亦能逢凶化吉。六二、上六均繫以「鳴謙」二字，即以謙虛而鳴於世之意，故六二貞吉，上六可以利用行師。六三「勞謙君子，有終吉」，則是君子勤勞而能謙之象。六四「无不利，撝謙」喻以謙遜之道指揮於上下之象而无不利。六五「利用侵伐，无不利」，是以謙虛服眾之意。「謙」卦六爻的道德涵義明顯如此，我們還能說《易經》僅只是問卜的記錄嗎？

另一個例子是「恆」卦䷟，該卦九三爻辭「不恆其德，或承之羞」所謂「德」，倘不解釋為道德、德性之義，實難索解。這也是《論語》明確記載孔子曾加以詮解的兩句話。⑳「恆」六五爻辭就說「恆其德，貞」。若以九三、六五爻辭為基礎認識「恆」卦，則恆久之道，就是以「德

⑳《論語．子路》：「子曰：南人有言曰：『人而無恆，不可以作巫醫。』善夫！『不恆其德，或承之羞』，子曰：不占而已矣。」邢昺《疏》：「『不恆其德，或承之羞』者，此《易》『恆』卦之辭，孔子引之，言德無恆，則羞辱承之也。子曰：『不占而已』者，孔子既言《易》文，又言夫《易》所以占吉凶，無恆之人，《易》所不占也。」參何晏注，邢昺疏：《論語注疏》，卷一三，頁九a。雄按：孔子「不占而已矣」，就是在講解「恆」九三爻辭，意思是無恆之人，必然遭遇羞吝之事。這純粹是道德的問題，根本不須占問。

性」為基礎。恆久於德，則「亨无咎，利貞，利有攸往」。至於該卦初六「浚恆，貞凶」、上六「振恆，凶」，二爻皆凶，那是因為恆久之道，宜於平穩而不宜於剛躁；㉑故以「恆其德」而論，剛躁則不能恆於德性而致凶吝，靜柔則能有恆而獲亨吉。

卦爻辭也有一種現象：初爻為「內卦」之初，爻辭多論個人之修養問題；至於上爻居「外卦」之末，則多論國家對外之事。如「蠱」卦䷑之「蠱」，卦爻辭作者演繹為「故」，又引申指「事」；也就是惑亂之事。初六「幹父之蠱」、九二「幹母之蠱」，都是講的修正父母所做的不正之事。有趣的是上九爻辭「不事王侯，高尚其事」，賢能之士接受王侯的豢養，但王侯自身行為不正，賢能之士如不能端正他們，則最好的方法就是離他而去。「不事王侯，高尚其事」兩次用「事」字來演繹或引申「蠱」的卦名，運用的方向卻不相同，詞性亦不相同：前一「事」字為動詞，後一「事」字為名詞。拒絕事奉王侯，也許才是最理想、最高尚的「幹」王侯之「蠱」的方法。「遯」卦䷠也闡發了近似的道理，「遯」內卦三爻（初六「遯尾」，六二「莫之勝說」，九三「係遯」）皆不能遯逃，外卦三爻則屬能「遯」——九四「好遯」、九五「嘉遯」之上，上九爻辭繫以「肥遯」，即飛遯，指出了遯隱的最高境界，就是遠遠地逃離，也就近於孔子「乘桴浮於海」之志了。「蠱」、「遯」二卦的兩個上爻，純粹是以自身德性為基礎的人生選擇。若不循德性內涵去理解，此二爻實無法解釋其文義。一位士大夫倘若沒有充實的內在德性涵養，必然只懂得

㉑「浚恆」之「浚」為深浚、疏浚之意；「振恆」之「振」為振動之意。

巴結奉承位高權重的主政者，又焉能領悟到「不事王侯」、「肥遯」竟然也是端正王侯的好方法，甚至也是最好的自處之道呢！

外在的禍福安危，是否影響及於自身，其契機正在於自己。這個道理，「需」卦䷄早已有最好的說明。初九「需于郊」為「利用恆」，離坎險尚遠；九二「需于沙，小有言」，則有言語的衝突，而未至於切近己身的危險。至於「需于泥」則「致寇至」，災禍之所以近及於身，問題的根源，主要還是由於自己站立在危險的地點所招致。「需」卦藉由危險自遠至近，愈切近於己身，說明了士大夫外在的際遇，恆常與自身之德業行為相關涉。

本書第貳篇〈字義演繹〉說明了《易經》諸卦名或卦爻辭所出現的卦名之本字，大部分都不是用該字的「本義」；卦名與卦爻辭之間，存在著多種方向的字義演繹引申的關係。這種透過字義、語義演繹而呈現的張力，讓卦爻辭的義理得以廣闊地開展。《易經》的作者的確利用「語言」，作為其衍伸義理的工具。但正如本文「前言」所提出：為什麼「語言」可以作為真理鋪陳、開展的媒介？這與《易經》以「人」為中心的宇宙觀，又有什麼關係？

我認為：《易經》作者既將「人」視為與世界秩序相對應，也就代表「人」就是宇宙的中心。㉒「人」得天地之靈秀而生、與外在世界是互為主客、密不可分的關係，同時，人類發明

㉒ 我所說的「人」有兩個意思：第一個意思是，在《易經》的年代，應該是專指「大人」（統治者，即天子或諸侯）和「君

「語言」、運用「語言」，以建構社群秩序、奠立道德價值。換言之，人類所建構的秩序和價值，根本上是憑藉語言，㉓而語言又源出自人類的心靈，而心靈又是源自天地、成為人類生命與行為的主宰。語言、身體、心靈、外在世界，共同構成一個整體。故一卦的上爻多繫以人類形體之「首」（或頭部器官），又可繫以自然界之「天」，如「大畜」䷙上九「何天之衢」、「明夷」䷣上六「初登於天」、「中孚」䷼上九「翰音登于天」。古代中國的哲人早已了解，人類本來就是一個整體性世界的一部分，自始至終，未嘗與世界分離，故一卦可以喻身體的功能，同時可以喻客觀世界的規律。在「人」與「宇宙」合一的前提下，「語言」就不僅只是一種人與人之間溝通思想的工具而已。根本上，「語言」是「人」的精神生命感發了宇宙真理以後、透過肉體生命向外抒發的結果。我們也可以說，「語言」是宇宙「抽象之理」、透過「人」這個宇宙之核心感應以後、發而在外、音義並具的「具象之理」。這種具象之理，蘊含著無可言喻的神聖性。在「人」與「宇宙」合一的關係下，「語言」當然可以被理解為從人的「聲帶、口腔」發出，也當然可以被理解為從人的「心性」發出，更可以被解釋為由「宇宙之真理」發出。正是由於《易經》作者具

子」（士大夫）而言，而並不涵括一般的農民和下層社會的工人徒隸；第二個意思是，就「大人」、「君子」階層中每一個個體之人而言，其自身就是他的宇宙的中心，正如「咸」卦「咸其拇」所感之人，可以是大人、君子中的任何一人，而不必然特別指某一個人。這是因為，《易經》編撰之世，思想尚未成熟到像華嚴宗法藏大師那樣討論到具主體性的「人」與「人」之間如何互相接觸、形成一個共同的世界，即所謂帝釋珠網、互相映現的境界。

㉓ 《尚書》典、謨、訓、誥，都是以語言訓誨為主的歷史檔案，可以為證。

有「身體↓語言」的自覺，而「語言↓義理」又具有發展關係。「身體↓語言↓義理」的三個層次的開展，便成為《易經》哲理系統最重要的指標性架構。

三、卦爻辭語義的二重性

回來談「字義演繹」的問題。有了「身體↓語言」這樣的關聯性思維以後，演繹語言，衍伸語義，便成為《易經》與《易傳》作者視為理所當然之事。這是《易傳》作者模仿《易經》之法，演繹引申字義、申說義理的主要原因。在世界為一個整體之觀點（holistic world view）的觀照下，卦爻辭的一字一詞之意義，固然具有多重性，可以步步衍伸；但延伸所至，也不會變成毫無道理的、附會出來的「意義群」，因為語詞意義的演繹，就是世界秩序的示現。這種語義的衍伸，我已在〈字義演繹〉一文具體指出，以下讓我再引若干例子，說明卦爻辭語義的特殊情況：卦爻辭的用語，一字一詞，常有「多義性」之情形；倘稍加歸納，所有意義又可以歸納為兩層意思，一為「淺層」（較貼近字面的意思），另一為「深層」（引申譬喻的意思）。我稱此一種情形為「語義的二重性」。

㈠卦爻辭的例子

所謂「語義的二重性」，在不同的卦之中有不同的發揮，前文舉「小畜」卦，表層義涵為水氣之畜積，深層義涵為德行之畜積，即為一例。例如在「乾」卦☰，自初爻至上九、用九皆繫以「龍」字；九三「君子終日乾乾，夕惕若，厲，无咎」，繫以「君子」而未繫以「龍」字。故就「乾」卦六爻而言，「龍」就是「君子」的自然喻象，「君子」就是「龍」的人文喻象。卦爻辭中這一類「自然形象」與「人文形象」互喻的例子很多（因為《易經》作者認為「自然」、「人文」是一體的）。用兩個不同的形象來比喻「乾」的卦義，一屬自然，一屬人文，這是「語義二重性」的一種表現。

讀者若仍然不信，則請看「晉」卦☲☷卦辭：「康侯用錫馬蕃庶，晝日三接。」「晉」卦是與「明夷」卦☷☲相對之一組卦，是太陽上升、明出地上之象，故「晉」字即蘊涵「上進」之義。卦辭「晝日」即由外卦「離」居內卦「坤」之上的形象而來。日出東方是自然之「晉」，「晝日三接」則是人事之「晉」。以人事之「晉」為卦辭，與「明出地中」的自然之義互相比喻，那很明顯就是以「人文」來印證「自然」。

又如「井」卦☵☴卦辭：「改邑不改井，无喪无得，往來井井。汔至，亦未繘井，羸其瓶，凶。」出現了三次「井」字，很顯然是演繹「井」的卦名。「往來井井」，「往來」二字，承「改邑不改井」而言，㉔既指《易》義內外卦之往來，亦借「水井」之義，兼指遷往他處之人及遷來

㉔ 參屈萬里：《周易集釋初稿》「井」卦條（頁二九一）。

此處之人。[25]又「井」卦初六爻辭「井泥不食，舊井无禽」。王引之《經義述聞》：

「井」當讀為阱，阱字以井為聲，故阱通作井，與井泥不食之井不同。[26]

以無水之井為陷阱，故稱「井泥不食」。「舊井无禽」，「舊井」既是水井，亦是陷阱，字帶雙關，不煩改字。

又如「比」卦䷇六二爻辭：「比之自內，貞吉。」六四爻辭：「外比之。」六二居內卦而繫以「內」字，六四居外卦而繫以「外」字，兩兩相對。又六二與九五陰陽相應，剛柔中正，九五為「顯比，王用三驅，失前禽，邑人不誡，吉」，有王者之喻象，反觀六二「比之自內」一方面指的自內卦陰順中正之爻、向外與外卦「顯比」王者之象相應，有貞吉之占；另方面「比之自內」也有自內心親附王者之意。「比」卦的「內」字，除扣緊內卦而言以外，也蘊涵了「內心」的意義。這也是意義二重性的例子。

又如「大有」一詞原指豐收，[27]但「大有」卦䷍上九爻辭：「自天祐之，吉，无不利。」上

[25] 上博簡本《周易》「井」卦即寫作「汬」。

[26] 王引之：《經義述聞》，卷一，頁五〇a。

[27] 《春秋》宣公十六年：「冬，大有年。」《穀梁傳》：「五穀大熟為大有年。」〔晉〕范甯注，〔唐〕楊士勛疏：《春秋穀梁傳注疏》（影印阮元校刻《十三經注疏附校勘記》本），卷一二，頁一七a。

爻為天位，「祐」字即从「大有」之「有」字取音義。人生之大有，若為上天助祐而有，則必吉無疑。其實「豐收」不就是一種天賜的「助祐」嗎？「自天祐之」，也就是「大有」的含義引申而成。

所謂「語義的二重性」，其最初的背景，不過在於延伸意義；延伸所至，則成為六十四卦的一個定例，字義、辭義、卦義、象義都常常含有二重性。如「隨」卦䷐卦辭：「元亨，利貞，无咎。」「隨」卦卦名本義，是用「追隨」、「跟蹤」之義，故爻辭以「係小子，失丈夫」、「係丈夫，失小子」、「拘係之，乃從維之」而論，即指戰爭中追逐、拘係俘虜而言；但引申於《易》理，《易》以時變為本，故「追隨」即引申為「隨時」。「追隨」俘虜不能得元吉而无咎；待人處世，能隨時而改變，則可以元亨而利貞无咎。

又如「蹇」卦䷦六二爻辭「王臣蹇蹇，匪躬之故」，「蹇」字即兼有「蹇」與「謇」二義。《經義述聞》解釋說：

> 故，事也；言王臣不避艱難盡心竭力者，皆國家之事，而非其身之事也。㉘

屈萬里說：

㉘ 王引之：《經義述聞》，卷一，頁四七a。

〈離騷〉：「余固知謇謇之為患兮。」王《注》：「謇謇，忠貞皃也。」引《易》此句。㉙爻辭以「蹇」為名，演繹字義引申為「謇」，从言，即進諫言於君主之意；但「謇」字其實也是一種「蹇」，表述了臣子勸諫君主之困難。六二為臣，九五為王；二爻相應，君子（士大夫）雖「謇」而「蹇」，但能如此堅持，則國家可以不蹇，因為士大夫竭力的是國家之事，而非個人之事。《易》卦爻辭遣詞用字之巧妙，往往如此。總之，這一類語義之引申而至於有雙重的意義，卦爻辭的作者常用以聯繫「自然」與「人文」的兩個世界。《易》卦爻辭這一類巧妙的意喻，俯拾皆是。自然與人文的關係，並非至《易傳》始有所闡發，卦爻辭中早已蘊涵。

㈡抄本異寫的問題

我們從事經典研究的人，遇到卦爻辭的若干文辭內容在不同的本子中出現不同的寫法、或者遇到其他古籍相同的異文問題時，較單純的想法，一般會認為古人進行文獻抄寫時，因為字形、字音的相近相同，由於種種緣故而發生「異寫」情形。從這個角度去理解，「異文」不過也就是「異文」罷了，很難說還有什麼更深層的意義。

但事實上，這種情形並不完全單純。有些經典的異文，實質上是抄寫者（或詮釋者）根據原

㉙ 屈萬里：《周易集釋初稿》，頁二四〇。

文形音義的線索、故意改換為形音相近、或音同形不同、或形近而音不類、或形音近同但義不相屬的另一個字，目的是要朝不同方向將原文的意義延伸擴大。《周易》卦爻辭所開展出來的「字義演繹」的模式就屬於這樣的情形。《周易》的異文，往往不能被視為一種單純的抄寫之異體，甚至不能被視為單純的「語言技巧」或「詮釋策略」，而是植根在「以人為宇宙之中心」的思想。原因很明顯：卦爻辭中「字義演繹」和「身體↓語言↓義理」的兩種情形是並存的。換句話說，卦爻辭中有一種特殊的語言策略，也有一個特殊的意義系統，二者相須為用，互相依存。面對《周易》的「異文」現象，我們也不應只比較其文獻內容的異同，而應該研究這種現象形成的思想背景。

夏含夷教授二〇〇六年在中央研究院中國文哲研究所發表〈重寫《周易》：談談在中國古代寫本文化中抄寫的詮釋作用〉的論文時，㉚特意引用了拙著〈字義演繹〉的論點，提出了另類的思考。該文一針見血地提出反省「定本」的意義何在的問題：

> 我們經常以為「經」是永久不變的事物，當它寫定了以後，詮釋者的理解儘管不同，但是所詮釋的原文不會改變。但是問題是什麼叫做「寫定」，什麼叫做「定本」，定本在什麼程度上固定？最近幾十年以來，在中國和西方都曾有眾多古代寫本出土了，其中也有不少「經典」。

㉚ 中國文哲研究所經學組林慶彰教授主持之「經典與文化的形成」研究計畫活動。

這些經典寫本和傳世的經典往往有各種異文。這些異文很多僅僅是由於不同的書寫方式而產生的，不一定有什麼思想意義，但是也有不少可能含有不同的內涵。

含夷教授所提出的幾種可能，包括不知不覺的「抄錯」、故意「抄錯」和介乎二者之間的「抄錯」三種。他說：

不同的內涵可以分成不同的類別。有的是由於抄寫者不知不覺地抄錯了，將某一字寫成音近還是形近的字，也會漏出還是重寫某些字。除此之外，恐怕也有抄寫者故意地改變原文，便以把「經」的內涵和他自己的思想弄同了。還有一個可能，抄寫者的抄錯還是改變是在不知不覺和故意之間。那就是說，抄寫者在抄寫的時候一定會受到他自己的教育和思想背景的影響，看書的時候看不見所寫的字而看見他要看的字。無論是在中國還是在西方都可以找到這樣的例子。在中國也有特殊情況，使這個過程更複雜。因為古書平常是寫在竹簡上，然後用某種繩子將很多條竹簡編連在一起，而過了一段時間以後編連的繩子往往毀掉，竹簡的次序就會弄亂。抄寫者有的時候能夠按照原文的上下文恢復次序，可是也有時候他只好根據他自己的理解將竹簡再編連。

含夷教授非常體貼古人「重抄」（rewrite）活動的種種心理背景。從這樣的角度去觀察古書的異文情形，一定會得到很有趣的收穫。但我當時在會場上向他提出了一點補充。我強調，異寫其實不一定是「抄錯」，準確一點講，應該說是同一個字的另一種寫法。至於何以有不同的寫法，還要進一步去探究、界定。我指出的是中國語言文字的「多義性」：在漢語中，有時一個以音表義、音義並具的語言，可以產生出不同的書寫字形（如「彷徨」或作「方羊」）；有時一個字的形音不變，意義即可擴充（如「行道」之「行」轉化為「行列」之行）；有時一個字不需改易字形，也可以轉化作另一字來用（如「然燒」字轉化為「雖然」字）。音義輾轉、孳乳變化，遂使中國文字愈來愈多。及至古人撰著經典，或以「謇」為「蹇」、或以「咸」兼具「感」、「速」二義，其例極多。㉛這種多義性的情形，並非《易經》所專有，在先秦經典中俯拾皆是。試想如果漢字每「字」都只有一種寫法、一種讀音、一個意義，那麼字與字之間、語言與語言之間彼此遠相隔絕，像《易經》這樣的文獻就絕不可能出現。從這個角度看，我們面對數十年來出現的幾種重要的《易》出土寫本（包括馬王堆帛書《周易》、阜陽漢簡《周易》、上博簡本《周易》等），對於其中抄寫的不同，實在不宜輕易地說某一種一定是對的、另一種一定是錯的，或者說某一種寫法才是原形原義，其他的都是晚出的寫法。譬如說「兌」卦帛書《周易》本作「奪」；㉜「家人」卦王家臺秦簡《歸藏》作「散」，㉝「師」卦阜陽漢簡《周易》和上博簡本《周易》均作

㉛ 參本書第貳篇。

㉜ 鄧球柏：《帛書周易校釋》增訂本，頁二五二。

㉝ 竹簡本《歸藏》係根據王家臺秦簡本《易》，詳荊州博物館：〈江陵王家臺一五號秦墓〉，《文物》一九九五年一期，頁三七—四三。據學者研究，王家臺秦簡本《易》即殷《歸藏》。又清儒馬國翰輯古本《歸藏》，收入無求備齋《易經集成》，第一八五冊。

「市」，[34]難道帛書《周易》、《歸藏》本一定就較近原義，今本《周易》反為後出；抑或說今本一定是原本，帛書《周易》和《歸藏》本較晚出？當然，同一個字的不同寫法，問題自然不大；唯一旦遇到可能兼有兩個或以上意義的字詞時，[35]抄寫者在抄寫時，必然只能選擇呈現一種寫法，必不可能將所有某一字詞所蘊涵的多重意義（如果確有多重意義的話），全部呈現出來（譬如說一位學者抄《周易》至「无妄」卦時，一定得在今本的「无妄」、帛書本《周易》的「无孟」、上博簡本《周易》的「亡忘」[36]三種寫法中，選擇一種寫法）。所以我們可以推斷，當抄寫者選擇某一種寫法時，其實等於將其他同時並存的其它寫法（也許包含「多重意義」）捨棄了，也就等於泯滅了經典文本之中可能存在的語言多義性。這是以「抄寫」作為文獻流傳方法的一種限制。

從這個角度看，古代文獻的傳抄，常常出現「異寫」、「異文」的情形，恐怕不能解釋為古代學者的不嚴謹，或者抄錯，或者有意無意地摻入自身的思想。我們看到古人這種抄寫的限制，也不能用「排除法」在異文中論斷是非，反而，我們應該從歷史文化的角度，以同情的眼光看待古人，將之理解為古人留存了不同的寫法的若干種。這種情形，等於古人不約而同、藉由各種異

---

[34] 馬承源主編：《上海博物館藏戰國楚竹書（三）》，頁一九。

[35] 如「蹇」卦六二「匪躬之故」，上博簡本《周易》作「非今之古」，同前註，頁四七。

[36] 同前註，頁二二八。

寫，而保存了經典的多義性。此一態度對於出土文獻研究而言，至為重要。作為研究經典、詮釋經典的我們，應該覺察「語言多義性」的事實，用一個寬鬆的態度去綜括所有異文，儘量發掘其中的意義群，而不是狹隘地刺取此義而捨棄彼義，或硬要在異文中判別優劣，而不知不覺地忘記或忽略了其他眾多的寫法。當然，從此一角度看待《易經》，也需要高度的方法論自覺，也不能無限上綱地將所有異文均視為背後一定含有某種微言大義。

㈢「語義的二重性」與「文義的二重性」

所謂「語義的二重性」其實不但表現在語詞之上，它根本就是《易經》（卦爻辭）「文義二重性」的表徵。我的意思是，《易經》文本在「表層涵義」之下，隱藏了另一個「深層涵義」，這種現象和卦爻辭語義的二重性是相為表裡的。換言之，《易經》「文義的二重性」，和《易經》「語義的二重性」是互相支撐、互相體現的。試以「大畜」卦䷙為例，「大畜」卦九三「良馬逐」、六四「童牛之牿」、六五「豶豕之牙」，提到了許多形體龐大的牲畜，因此近當代學者往往將本卦解釋為與農業社會畜牧之事有關。[37]但究竟卦爻辭記載這些古代農業社會畜牧之事的目的何在？這豈能不加以說明？可見「畜牧」云云，僅能解釋卦爻辭的表層意義而已，此卦的深層意義則取「豢

[37] 如高亨《周易古經今注》重訂本均以農業社會之名物器儀來解釋各爻。又周振甫指該卦「卦爻辭講的大畜，靠養牛養豬和農業及出外謀生」。見周振甫：《周易譯注》（北京：中華書局，一九九一年），頁九四。

養牲畜」的引申義，喻指國君的「養賢」。

首先，以卦與卦的關係而言，與「大畜」為反對即同一組卦的前一卦為「无妄」䷘；與「大畜」相關的另一卦為「小畜」。「无妄」指未經計畫的行為，純粹出於自然，[38]引申而言，即古語所謂「誠」。能「无妄」則元亨，「匪正」則有眚而不利攸往。則「无妄」之義十分明顯。「大畜」卦義與之相對，指超越一身以外、畜養賢者之意。能輔國的賢者，必有過人的能力、又各具特殊的個性，正如馬、牛、豕之體型龐大，行為模式卻不相同。國君豢養賢能之士，必須以不同的方法駕馭，始能用賢。這是「大畜」卦要傳達的深層意義。故卦辭「不家食」，即求食於外。龐大的牲畜，須自家門以外的地域捕捉而豢養；猶如王侯求賢，賢者亦須自外尋覓，以利於己身己家。對大人而言，一國之主，高門深扃，固不可能求得賢者。[39]故「小畜」卦為個人文德之畜

---

[38] 黃沛榮〈易經卦義系統之研究〉：「『无妄』應為『意料不及』或『未經計畫』之意。」（頁一〇一）帛書本《周易》作「无孟」，阜陽漢簡《周易》作「无亡」（韓自強：《阜陽漢簡〈周易〉研究》〔上海：上海古籍出版社，二〇〇四年〕，頁五九—六〇），《經典釋文》：「馬、鄭、王肅皆云：妄猶望，謂无所希望也。」（陸德明：《經典釋文》，卷二〈周易音義〉，頁一〇b）《史記．春申君列傳》作「毋望」。〈春申君列傳〉載朱英謂春申君曰：「世有毋望之福，又有毋望之禍。今君處毋望之世，事毋望之主，安可以無毋望之人乎?」《史記正義》曰：「無望，謂不望而忽至也。」又《史記索隱》稱：「《周易》有无妄卦，其義殊也。」（參〔漢〕司馬遷撰，〔南朝宋〕裴駰集解，〔唐〕張守節正義，〔唐〕司馬貞索隱：《史記》〔北京：中華書局，一九五九年〕，頁二三九八）其實「无妄」本義正是「毋望」，但《索隱》從卦爻辭的引申義「誠正」之義看，故認為二義相殊。

[39] 再進一步引申，就可以推論到《彖傳》作者釋為「養賢」，《象傳》作者衍釋為「多識前言往行」，引申喻指士君子蟄居家

積，「大畜」卦則為國君畜養賢者。我們看九三「良馬逐」、「童牛之牿」、「豶豕之牙」，講的都是豢養牲畜的藝術，也就是如何飼養大型牲畜而不為所傷，正如一國之中如何維持良臣良將相互競逐，但不致互相傷害（原本爻辭所述，或僅記錄本義，有以喻指，如同《詩經》比興之法，不宜用實證的方法推求本義）。也就是說，賢者或智或勇，或二者兼備，或剛強奮進，容易與大人（延聘賢者的人，即國君）發生衝突。本卦強調「利已」、「閑輿衛」、「童牛之牿」、「豶豕之牙」，均說明大人賢者相互之間如何建立合作關係、不致發生衝突的道理。所以，就「語義的二重性」而言，「畜」字本指具體家畜的畜養，引申而有抽象的「畜積」之義，前一語義發展出後一語義；就「文義的二重性」而言，各爻多以大型的牲畜為喻，這是表層意義，深層意義則是國君的養賢。

就「文義的二重性」而言，因《易》理依「身體→語言」而開展，故凡卦爻辭之義理，多屬於切近己身、明晰可曉的義理，也可以說是普通生活中的日常智慧。近世治《易》者，多指卦爻辭沒有義理，認為義理的發生，在於戰國。不悟今人所講的「義理」，如性、命、仁、義、天道之類抽象的概念，其實多屬於高層次的義理。從思想史的發展軌跡看，在《易經》撰著的年代，當然沒有這一類玄奧之言。然而，即使沒有這一類的玄奧之言，又豈可以斷言古人沒有抽象思維的能力與智慧？事實上，正因為近世學者總懷著歷史進化的觀點，有意無意地視《易經》之撰著

中，難以親炙賢人的範式，故強調向外界的型範學習、尚賢養賢、有所畜積之意。

時代為距茹毛飲血之世不遠，或視古人不離巫術迷信之陋，遂使卦爻辭中所蘊涵古人的智慧（正不妨可以稱之為「義理」），隱而不彰。《易經》之中，如「需」卦䷄上六爻辭：「入于穴，有不速之客三人來，敬之，終吉。」坎體之終，有穴之象；「不速之客」指內卦三陽。「敬之終吉」，亦為「有孚光亨」引申之義。就人生的境遇而言，有不速之客三人來，不免在情境上為突兀、尷尬之事，但若能恭敬接待，則終必能吉。這並不是高層次的、討論仁、義、誠、命之類觀念的義理，而是切實於人生境遇的及身之智慧。然而，倘沒有切近己身的平實之義理，又焉有幽深致遠的抽象之義理可言？《易經》在平凡中見偉大，正是在諸卦卦爻辭之中，充滿這一類平實而蘊藉的智慧，涵括國家政治以至於修身治事各個層面的緣故。這是我輩研究《易經》者所不可不知的。

四、從身體到語言：論《易》為士大夫之學

(一)卦爻辭所記大人君子應具的智慧

《易》卦爻辭以「人」的一身為宇宙之中心，視「語言」為源出宇宙客觀之真理、而抒發自人的身體的一種力量。故語義不妨可以變遷，可以引申，也可以演繹，因為「語言」即係真理貫徹於身體、發抒在外的結果，只要語言的根本——身體——未嘗有絲毫改變，語義即可以圍繞此

一中心，作種種不同向度的詮釋與演繹。殷周時代，知識並不普及，是貴族士大夫的專利。而語義演繹之思維之所以貫串《易經》，正是因為《易經》本為教育士大夫的典籍，與《詩經》、《尚書》等典籍性質相同。

論者或謂「士」階層的興起，並不在殷末周初，而在春秋中期；但就文獻所記而言，「士」字早就廣泛地出現在甲骨文中，顯示「士」作為一種官職、行業或身分，其淵源甚早。本文用「士大夫」一詞，就是取其一般的意義，也就是上古貴族社會專政時期兼掌文武職業的官員，即《尚書》所謂「多士」、「庶士」。余英時曾經指出：

> 遠在商、周的士如文獻中的「多士」、「庶士」已可能指「知書達禮」的貴族階級而言了。[40]

饒宗頤則歸納出上古中國「士指男性」、「士之職在宰之間」、「士民在四民之列」、「動詞之士訓事」四個結論，並進一步推論出「士之訓事，因士是掌事之官」，則甚有意義。[41]許倬雲的〈審

---

40 關於上古「士」的起源，余英時〈古代知識階層的興起與發展〉一文有相當詳盡的考證與分析（收入余英時：《中國知識階層史論（古代篇）》〔臺北：聯經出版事業公司，一九八〇年〕，頁一—九二），該文由許倬雲與饒宗頤所寫的兩篇〈審查報告〉亦均針對古代「士」的名義與階級屬性提出細膩的補充考察。余文第一節「近代有關『士』之起源諸說」，對近代「士」起源問題已有所介紹，並直接指出「遠在商、周的士如文獻中的『多士』、『庶士』已可能指『知書達禮』的貴族階級而言了。」（頁七）

41 參余英時：《中國知識階層史論（古代篇）》，頁九五—一〇〇。

查報告〉則更指出「士」兼掌文武之職，而《易經》六十四卦可能是反映「士」具有駕馭抽象觀念的理性思考。這更是饒富趣味的推論。卦爻辭所記的「君子」，指的就是「士」，不論其爵位高低、屬文屬武，均包括在內。[42]就《易經》而言，「君子」是相當普通的用語。卦爻辭中「君子」一辭凡出現二十次：

1. 「乾」九三：君子終日乾乾，夕惕若，厲，无咎。
2. 「坤」卦辭：元亨，利牝馬之貞。君子有攸往，先迷後得主。利西南得朋，東北喪朋。安貞，吉。
3. 「屯」六三：即鹿无虞，惟入於林中。君子幾不如舍，往吝。
4. 「小畜」上九：既雨既處，尚德載。婦貞厲。月幾望，君子征凶。
5. 「否」卦辭：否之匪人，不利君子貞，大往小來。
6. 「同人」卦辭：同人于野，亨。利涉大川，利君子貞。
7. 「謙」卦辭：亨，君子有終。

---

[42] 許倬雲：「專由武士一意討論（如顧氏說），似未為全貌。士之『文』職部分，須嫻習禮節，熟知法制及掌故，其意義已是對於『知識』之掌握。王官之學，亦不外對此數項知識之分類而已。哲學之突破，當兼具量與質雙方面。量之增加，使分類有其必要，竊以為易卦可能即是分配現象於若干（八—六四）個範疇之努力。一經分列範疇，具體的現象，即轉化為抽象的觀念，知識一入抽象境界，便不可避免的獲得『理性思考』的特質。」同前註，頁九三—九四。按：饒宗頤亦認為「近人新說士之本義為農事耕作，及士原指武士二說，皆不可信。」同前註，頁一〇一。

8. 「謙」初六：謙謙君子，用涉大川，吉。
9. 「謙」九三：勞謙君子，有終，吉。
10. 「觀」初六：童觀，小人无咎，君子吝。
11. 「觀」九五：觀我生，君子无咎。
12. 「觀」上九：觀其生，君子无咎。
13. 「剝」上九：碩果不食，君子得輿，小人剝廬。
14. 「遯」九四：好遯，君子吉，小人否。
15. 「大壯」九三：小人用壯，君子用罔，貞厲。
16. 「明夷」初九：明夷于飛，垂其翼。君子于行，三日不食。有攸往，主人有言。
17. 「解」六五：君子維有解，吉。有孚于小人。
18. 「夬」九三：壯于頄，有凶。君子夬夬獨行，遇雨若濡。有慍，无咎。
19. 「革」上六：君子豹變，小人革面。征凶，居貞吉。
20. 「未濟」六五：貞吉，无悔。君子之光，有孚，吉。

從一般語義考察，「君子」當指屬於貴族階級的從政者而言，與不屬於貴族階級的平民——「小人」——為相對。例如《尚書．酒誥》所稱「庶士有正越庶伯君子」㊸以及《詩．魏風．伐檀》

㊸《尚書．酒誥》，見舊題〔漢〕孔安國傳，〔唐〕孔穎達等正義：《尚書注疏》（影印阮元校刻《十三經注疏附校勘記》

「彼君子兮，不素餐兮」之「君子」，也就是鄭玄所謂出仕受祿之人。44《禮記．曲禮上》：

> 博聞強識而讓，敦善行而不怠，謂之君子。45

《禮記》的定義，屬於晚出，包含了對「君子」應具備之行誼的理想寄託成分，但《詩》、《書》的記載，卻顯然和卦爻辭的內容頗一致，都是指那些屬於貴族階級、受俸祿的從政者，廣義而言即包含古代所謂「士」、「卿士」、「大夫」。卦爻辭的本質，多言戰爭、建國、政事、修身之事，而所涉及的人物，大多為具有階級地位的貴族。此類例證在六十四卦中太多，實難一一細述，前文所論已引述不少例證。又如「訟」卦䷅九二爻辭：「不克訟，歸而逋，其邑人三百戶，无眚。」爻辭是以地位較卑微的封邑者向地位尊崇者興訟為譬喻，認為以小訟大，若能及時歸返逃竄，則大患可以變為小患。又「訟」卦上九爻辭：「或錫之鞶帶，終朝三褫之。」「鞶帶」為命服之飾，非卿士或大夫不能穿著。又如「師」卦䷆九二爻辭：「在師中，吉，无咎。王三錫命。」「王」有「錫命」，則必為卿大夫無疑。當然，我們還要更進一步問，《易經》論君子，究竟只是泛指職位、爵位或身分的意義，還是有賦予內在的義涵？我們從卦爻辭中的「君子」，可知其必

本），卷一四，頁一七a。

44 鄭玄《箋》：「彼君子者，斥伐檀之人，仕有功，乃肯受祿。」毛亨傳，鄭玄箋，孔穎達等正義：《毛詩注疏》，卷五之三，頁一〇a。

45 鄭玄注，孔穎達等正義：《禮記注疏》，卷三，頁一b。

然有道德義涵。如「訟」卦六三爻辭：「食舊德，貞厲，終吉。或從王事，无成。」「訟」事本身即不屬於吉事，然而若興訟者有「舊德」可「食」，則雖貞而危，而可以吉事終了。卦爻辭的這個「德」字，應有道德、德行之義。此可見卦爻辭有「尚德」的思想，否則此「德」字終無解。㊻然則《易經》所謂「君子」，並非僅僅為身分職等的描述，而是蘊含德性上的要求。凡治國之士，必先累積自身的德性，「訟」卦所謂「食舊德」即指此，亦須先考求自身的德性，正如「觀」卦䷓所謂「觀其生」，亦必以「觀我生」為基礎。㊼若以「臨」、「觀」二卦為例考察，「臨」卦䷒初、二兩爻均繫以「咸臨」，王弼讀為「感臨」，㊽證之以「咸」卦之「咸其拇」、「咸其腓」諸爻辭，王《注》應符合經旨。以相感的心情（即今語所謂「同理心」）觀臨人民百姓，當為「貞吉」。六三「甘臨」，居於「臨」內卦「兌」之上爻。由於「兌」有口舌之象，故六三之「甘」即甘甜的言辭。鼓如簧之舌、以甘美之言取悅於人民，當无所利；治民之君子若能以此為

㊻《詩・大雅・抑》：「有覺德行，四國順之。」（毛亨傳，鄭玄箋，孔穎達等正義：《毛詩注疏》，卷一八之一，頁九a）〈邶風・雄雉〉：「百爾君子，不知德行。」（卷二之二，頁四b）兩處的「德行」，均與「訟」卦之「舊德」或「恆」卦「不恆其德，或承之羞」之「德」，意義相同，均指人類的道德行為而言。關於「德」、「行」二字出現的年代與意義，詳參本書第伍篇。

㊼「觀」卦九五：「觀我生，君子无咎。」即指君子觀自己的「生」；上九：「觀其生，君子无咎。」應指君子觀人民之「生」。

㊽王弼、韓康伯注，孔穎達等正義：《周易注疏》，卷三，頁七b。

病，並以此病為憂，則可以无咎。上三爻「至臨」、「知臨」、「敦臨」，「至」即親至，注家或釋為「至善」，亦可。[49]「知」即「智」，以睿智臨民，唯偉大之君主能為之（爻辭稱「大君之宜」）。至於上爻則為「敦臨」，即以敦厚之態度臨民。「臨」卦之主，都是指治民之人，也就是大人君子。而「觀」卦之「觀」與「臨」卦之「臨」又屬於互相發明、互相支持的意義，因為「觀國之光」，正與觀察人民以及治民者自我省察，均有密切的相互關係。

余英時〈古代知識階層的興起與發展〉一文「四」提出「哲學的突破」之說，以說明人類以理性思維重新認識宇宙秩序與自身環境的意義。他說：

> 在公元前一千年之內，希臘、以色列、印度和中國四大古文明都曾先後各不相謀而方式各異地經歷了一個「哲學的突破」的階段。所謂「哲學的突破」即對構成人類處境之宇宙的本質發生了一種理性的認識，而這種認識所達到的層次之高，則是從來都未曾有的。與這種認識隨而俱來的是對人類處境的本身及其基本意義有了新的解釋。以希臘而言，此一突破表現為對自然的秩序及其規範的和經驗的意義產生了明確的哲學概念。從此希臘的世界不復為傳統神話中的神和英雄所任意宰制，而是處在自然規律的支配之下了。[50]

[49] 孔穎達《正義》：「能盡其至極之善而為臨。」同前註，頁八a。按：《周易注疏校勘記》：「『感』當作『咸』，此注正述經文也，無改字之例。」（卷三，頁二a）

[50] 余英時：《中國知識階層史論（古代篇）》，頁三二。

東西方文化系統中的哲學突破，都不離人類對於環境產生理性的認識，而所謂「理性」的認識，指的就是認識抽象（abstract）原理的能力，也就是在歸納物類的過程中，捨棄個別事物的個別條件與形象，而提煉出一種貫通物類的抽象道理。參考前引許倬雲對於六十四卦的研判，再綜觀卦爻辭，其中顯然並未突顯一個具有宗教意義之「天」或「上帝」的觀念，但卻在具體物類之上，透過「象」（包括卦象、爻象、象辭）的運用，而透視各種抽象的原理，同時又不離於自然、倫理的事物。故嚴格而言，《易經》所蘊含的哲理，既奠基於自然哲學，又通貫於政治倫理的哲學。它強調了治國者（即士君子）必須擁有修德自省的能力（如觀生、勞謙、敬慎）以及治民治事的誠心（如咸臨、謇謇、幹蠱），而這種能力與誠心，又以一個人文與自然、人倫與宇宙同體呈現之整體架構，作為其理論基礎。那麼，上述士君子所具有的自覺，正是奠立在其對自身處境的理性認識，也就是奠基於一種人與世界相融攝的觀念，進而指向士君子必須以德性自修為基礎，對於外在世界有整體觀察和實踐能力，以建立一個整體性的秩序。

㈡占卜、義理必然並存的理由

《易》與占卜有關，在《左傳》、《國語》諸筮例中已可見。近世《易》家每謂遠古之《易》用於占卜，並無義理於其中。上文已說明「義理」本來就可區分為兩類，一類是切近己身的義理，另一類是抽象玄遠的義理。二者本不容易遽分。再進一步討論，其實凡言「占卜」，皆不能沒有義理，義理占卜，一定是相須為用的。凡占卜，結果不論為吉凶悔吝，必須有人事的解釋，始有意義；而所謂人事之解釋，必不僅止於吉凶悔吝而已。倘若說占卜可以不需要運用人事以解釋，則等於占卜之活動與人生可以無關係，人類亦不需要占卜了。因此，凡占卜而有待於人事解釋，解釋之人，不論是「覡」、「巫」或「史」，必不能遠離人生、人文的價值而給予解釋。換言之，世間並沒有可以脫離「義理」、獨自運作的「卜筮」。這種情形尤以《易經》為然，因為正如上文所論：《易》為士大夫之學，六十四卦三百八十四爻，卦辭爻辭均未嘗脫離現實人生倫理、社會國家，其中且充滿教育訓誨的意味，則更可見《易》之為書，必非占問吉凶悔吝之後、而盲目進行祈禳之事，以趨吉避凶的迷信活動，而是廣泛地運用人生智慧，以印證天道之規律（此詳上文各卦之分析，不再舉例）。尤以《易經》強調「人」為宇宙之中心，人之結構與自然世界為一致，例如天道有陰陽、人道則有男女；就德性而言，德性為「自律」（autonomy），因人為天地所生，故必與自然規律亦即客觀之「他律」（heteronomy）具有一致性。因此，占問以決疑，其結果所反映的義理，必然與占問者的「心」與「身」所體驗、感知的義理一致。職是之故，我們或者可以說卦爻辭可用為占卜，也許可以懷疑其初源出於占卜，但絕不能說卦爻辭僅為占卜之記錄。卦爻辭字義、詞義、語義、文義所引申的種種新意義，幾乎從未脫離個人、眾人或政治之事的道理，而且充滿人生價值的理解與判斷。此等理解與判斷，固非高層次的玄遠義理之詞，也絕不可能是巫術迷信之產物。

尤有進者，《易》之原理，本為日光的顯隱，也就是源出「陰」、「陽」二字的本義，並未標舉一個具人格的神祇或上帝。《易》占的基礎，既涉及自然界的動植飛潛之物，又涉及人文界的人類社群，則「卜筮」的基礎，實即指自然與人文之間的關係，而非一切歸諸於不可知的天神意志。「義理」的基礎，亦係指人文不得不依循之自然規律而言，而非盲目崇奉不可知之上帝。

如以自然之《易》理印證人生，人生的際遇，人人不相同——有先天的不同，也有後天的不同。「先天」的部分，非人力可改變；「後天」的部分，則可藉人力以改變。「義理」強調道德實踐，道德實踐是人類依據其自身能力、踐履心性之價值而成，所謂「我欲仁斯仁至矣」即指此，當代儒者所謂道德之自律、亦即德性主體之「絕對自由」，即指此種非由外鑠、純循心性而行的道德主體性而言。

但相對上，我們生命中也有許多人力所不能掌控的部分：每個人甫出生，貧富壽夭，均非自身所能選擇。有些人天生體魄強健、過目不忘，自然能成功而美滿。這本來就不值得自豪，歸根究柢不過運氣不錯而已。也有的人身體殘障、智力低弱，則不免坎坷卑賤、貧病交尋。這種先天條件的差異，再加上社會群體、人際權力的消長變化，貴貴賤賤，遂使古人不得不求諸「卜筮」，希望能逆知自身際遇。倘若我們回歸古代文獻，凡深於《易》者，即使其人並非聖哲，亦不致盲目崇奉占問的結果，而往往發揮自身的道德價值觀，作為吉凶悔吝的判準。經典具在，不容否認。最有名的，莫過於《左傳》襄公九年所記占筮之例：

穆姜薨於東宮。始往而筮之，遇艮之八䷳。史曰：「是謂艮之隨䷐。隨，其出也。君必速出！」姜曰：「亡！是於《周易》曰：『隨，元亨利貞，无咎。』元，體之長也；亨，嘉之會也；利，義之和也；貞，事之幹也。體仁足以長人，嘉德足以合禮，利物足以和義，貞固足以幹事。然，故不可誣也，是以雖隨无咎。今我婦人而與於亂。固在下位，而有不仁，不可謂元。不靖國家，不可謂亨。作而害身，不可謂利。弃位而姣，不可謂貞。有四德者，隨而無咎。我皆無之，豈隨也哉？我則取惡，能無咎乎？必死於此，弗得出矣。」[51]

這段文字最常被引用以證明《文言傳》為晚出文獻。但我們若從文獻時代的問題提升出來，游心於古人用《易》的原則：穆姜以一女子，所解「隨」卦之義與史氏所論完全相反，而且，雙方都沒有牽合其他經書或《易》的典故，作為判讀的依據；更沒有盡信「元亨利貞，无咎」六字即以之為結果，則很明顯地，如果內心沒有適切的道德價值，不但吉凶悔吝的原理無從解釋，甚至連吉或凶、悔或吝都會完全解錯。正如前文解釋「蠱」卦䷑上九爻辭「不事王侯，高尚其事。」蠱卦之終，「不事」王侯，看似與「幹父之蠱」、「幹母之蠱」亦即「蠱」的精神相違悖，實則爻辭直指對於有蠱惑而不正的王侯，能「不事」奉之，其「事」反而最為「高尚」。這就是卦爻辭中以人類道德主體之價值，決定行為之方向的證明。

---

[51] 杜預注，孔穎達等正義：《春秋左傳注疏》，卷三〇，頁二五a—二七a。

五、結論

本文揭示的主旨，是認為《易經》的作者、或者說《易經》成書的年代，其實已經存在一種思想，一方面以「卦」的初爻喻足部，以上爻喻頭部，也就是利用「卦」來作為「身體」的譬喻，展現出一種以人身為中心的宇宙觀；另方面認為人類運用的語言文字，與宇宙的規律與真理之間，有一種契合關係。語言文字，並不只是溝通的工具而已，而是自然之「道」透過人的身體、逐漸抒發於外、發而為「有形」、「有聲」而「含義」的符號。這些符號和人類的行為應該是一致的，小則足以治身，大則足以治民安國，具有無窮的力量。故卦爻辭的字義，可以演繹，可以引申，《易經》意義架構的建立，義理思想的世界，都藉由此一原理而成功。回歸到最根本，語言文字是由身體發出，身體與宇宙的真理之間又具有一種特殊的關係。「身體→語言→義理」，是一種層層開展的關係。

《易經》將主觀的生命（包括語言、身體、思維）與客觀世界統一起來的學問，可以說相當的成熟，應該是一套蘊積相當長時間而形成的學問。這套學問的文獻依據，的確可能和原始占筮息息相關；但這些記錄也僅僅只作為原始材料而已，就像《詩經》以民歌為素材，經過改編，而為含有政教意義的經典一樣。這些素材經由編輯重纂後，成為一部首尾具足、體統細密的訓誨之書，用以教育士大夫治身治國所應該具備的生命（兼攝人文生命與自然生命）知識。這種知識，是透過身體→語言→義理三階段逐步開展的。

傳統學者視《易傳》和《易經》為一體，以經傳混合相釋證，固然讓他們難以認識到《易經》的真實內涵；而近百年來視《易經》與《易傳》為毫無關係的「經傳分離」之說，也讓學者心中先橫亙了「《易經》僅為卜筮巫術之記錄」的偏見，遂致卑視了古人的智慧。唯有直接切入卦爻與卦爻辭，在高度謹慎參酌《易傳》義解的前提下，從中著手分析卦爻辭，才能同時破除上述兩種偏失，而揭開《周易》經傳的神祕面紗。當然，如果讀者堅持經傳分離之說，認定《易經》只是破碎殘斷的古史片段，拒絕聆聽本文所述說各卦爻文辭內容的解釋的話，那麼這只能說是讀者自己為前人所作之藺所困縛，自囚於舊說的牢籠罷了！除了「何校滅耳，凶」之外，我無法再回應什麼。

肆、《周易》「屯」卦音義辨正*

一、撰著緣起

二〇〇七年承 *Journal of Chinese Philosophy* 向我約一篇《易》學注釋傳統的英文稿，遂以近年研究《易》理的心得，即關於《易》理奠基於以太陽為中心的宇宙論此一論點，撰文 "Interpretations of YANG（陽）in the *Yijing*" 以應邀約。二〇〇八年四月收到該刊人員 Joyce Li 來信，表示 Editorial Board 不同意我將「屯」卦的「屯」的音讀注為 "zhun" 而非 "tun"，並要求我列舉證據說明。我閱信後頗感驚訝，但既承賜問，遂於四月十六日簡短地抄錄了三條證據，以

* 本文原刊《周易研究》二〇〇九年第三期（總九五期），頁三—一四。又收入方光華、彭林主編：《中國經學論集》（西安：陝西人民出版社，二〇〇九年），頁一—二五。撰寫期間，承楊秀芳教授就古聲類和詞族的觀念，提供寶貴的意見，讓我避免了一些思考的盲點，也增加了更多的考慮；國立臺灣大學中國文學研究所博士生陳筱琪同學亦提供意見，均此致謝。

電子郵件回覆：

A. Zhu Xi（朱熹）indicated「屯」as 「張倫反」in his *Zhouyi benyi* 周易本義 and that would be "zhun" instead of "tun."

B. Duan Yu-cai（段玉裁） pronounced「屯」as「陟倫切」in his *Shuowen jiezi zhu* 說文解字注 and that would be "zhun" instead of "tun" as well.

C. Professor Edward Shaughnessy Romanized the「屯」hexagram as "zhun" in his book *I Ching, The Classic of Changes,* Ballantine Books, 1996, p.83.

我在回覆後，也同時請 Joyce Li 轉達編輯委員會，請編委會向我具體提出證據，說明他們堅持唸 "tun" 的理由。Joyce Li 隨後給我的回覆，並沒有提任何證據，反而要求我直接致電成中英教授，向他說明。不過我認為我已提出鐵證，所以沒有理會。四月十九日成教授親自寫了電子郵件給我，再次要求我就「屯」的讀音問題向他說明。我隨即以電子郵件再給予更詳細的回覆。由於我覺得證據已充分，另一位編輯委員亦曾表示不會改動我的讀音，最多只會加注處理一下。主觀上，我以為成教授已經接受了 "zhun" 的讀法。

不久該刊出刊（*JCP* Volume 35, Number 2, June 2008）後，我非常遺憾讀到我的刊出稿（頁二一九—二三四）中所有「屯」字的注音，仍然全部被直接更改為 "tun" (p. 221)，同頁並附上主編也就是成中英先生的注腳，內容如下：

Editor's note: Editor acknowledges author's intention to change the pronunciation of 屯 from "tun" to "zhun" in light of some commentarial usage in the past. But Editor and referees find stronger evidence to support the pronunciation of "tun" for 屯 as presented in the original text and the present day's common usage where "tun" has primary sense of gathering which gives rise to secondary sense of difficulty as represented by the sound of "zhun." Hence is "tun" is the correct pronunciation conveying a broader message benefitting our understanding of the *Yijing* hexagram.

成教授既沒有將他所宣稱的"stronger evidence"列舉出來，又直接忽略我所提供的文獻證據並指我的音注為錯誤。這種情況下，問題既沒有得到任何的釐清，我也沒有受到公平的對待。而今期刊已公開刊布，大家都讀到了我論文中的 Editor's note。以後廣大的 *JCP* 讀者（包括我的學生）不但誤會我在此字的音讀上犯錯，更嚴重的是，*JCP* 在西方中國哲學界向負重望，如果此一問題無人加以辨正，從此《易經》「屯」卦音義，終將積非成是，甚至反過來影響中國年輕學者誤讀此字，誤解此卦。再說，以成教授在《易》學界的重望，既然他在公領域揭開了這個問題，勢之所至，我也只能公開撰寫論文，將整個問題鋪陳出來給予回應。

本文謹從「屯」的兩種音義記錄講起，再從「屯」卦爻辭通貫之義、《彖傳》的辭例、歷代的《易》注三個方面，說明「屯」卦之「屯」必須讀為「屯難」字而非「屯聚」字。至於「屯」

字的“present day's common usage”，和音義的正確與否，是沒有關係的，因此本文將不予討論。

二、「屯」的兩種音義記錄

「屯」字在現代漢語中有“zhun”、“tun”兩讀，前者聲母為齒音，後者為舌音。這兩種讀音，最早反映在陸德明《經典釋文》（說詳下）。錢大昕《十駕齋養新錄》「舌音類隔之說不可信」說：

> 古無舌頭舌上之分。知、徹、澄三母以今音讀之，與照、穿、牀無別也；求之古音，則與端、透、定無異。❶

又說：

> 古人多舌音，後代多變齒音，不獨知、徹、澄三母為然也。❷

借用錢大昕的話來說明，「屯」字在《經典釋文》裡有兩種音義記錄，其一反切上字（聲母）為

❶ 〔清〕錢大昕：《十駕齋養新錄》（南京：江蘇古籍出版社，一九九七年《嘉定錢大昕全集》，第七冊），卷五，頁一三七。

❷ 同前註，頁一四二。

「張」或「陟」，「知」紐，屬於舌上音，後代變為「齒音」"zhun"；另一反切上字為「徒」，「定」紐，屬於舌頭音，後代維持不變而唸為「舌音」"tun"。這兩類讀法，在上古雖無差異，都讀為舌頭音 "t"，但中古以降，此字另外派生出「舌上音」（知母）復變為今天「齒音」"zhun" 的讀法以表達「困難」的意思，確是事實。所以，「屯難之屯」的讀音，中古以降，直至今天，只能讀為齒音 "zhun"；而「屯聚之屯」的讀音則維持舌音 "tun"，以音別義，已歷千餘年之久。以下略作分梳，以見二者之殊別。

(一)屯難之「屯」

屯難之「屯」在上古屬文部，中古為「知」紐「諄」韻，❸《經典釋文》音注為「張倫反」，反切上字今天讀為齒音 "zh"，意義則為「困難」。此一音義最早即用於「屯」卦，諸家略無異辭。許慎《說文》正是用《易經》之義，而引據的則是《彖傳》：

> 屯，難也。屯，象屮木之初生，屯然而難。从屮貫一屈曲之也。一，地也。《易》曰：「剛柔始交而難生。」❹

「屯」《彖傳》說：

---

❸ 參王力：《王力古漢語字典》（北京：中華書局，二〇〇〇年），頁二四一。

❹ 許慎著，段玉裁注：《說文解字注》，一篇下，頁一b。

屯，剛柔始交而難生。動乎險中，大亨，貞。雷雨之動滿盈，天造草昧，宜建侯而不寧。❺

「剛柔始交而難生」是《彖傳》依上下體所昭示之卦義而解釋，許慎即根據《周易》經傳「屯」卦之義，來解釋「屯」字的形與義。《彖傳》接著稱「雷雨之動滿盈」，「盈」則是「屯」的引申義。故《經典釋文》於「屯」字兩義並存：

張倫反，難也，盈也。❻

《序卦傳》：

屯者，盈也。❼

「屯」字「盈」的意義，《序卦傳》也予以採用，但就「屯」卦而言，畢竟是引申義而非本義（雄按：「屯」卦爻辭皆用「困難」義，故「屯盈」應為該卦之引申義而非本義。說詳下）。段玉裁《說文解字注》云：

《說文》多說「一」為「地」，或說為「天」，象形也。中貫「一」者，木剋土也；屈曲之者，

---

❺ 王弼、韓康伯注，孔穎達等正義：《周易注疏》，卷一，頁二八a—b。

❻ 陸德明：《經典釋文》，卷二〈周易音義〉，頁三a。

❼ 王弼、韓康伯注，孔穎達等正義：《周易注疏》，卷九，頁一一a。

> 未能申也。……陟倫切，十三部。❽

在「《易》曰：剛柔始交而難生」句下段《注》又說：

> 《周易．彖傳》文。《左傳》曰：「屯固比入。」《序卦傳》曰：「屯者，盈也。」不堅固、不盈滿，則不能出。❾

許慎引用了《彖傳》「難」字來解釋「屯」，段玉裁則同時解釋了「難也」和《經典釋文》「盈也」二處的意旨，又引用了《左傳》和《序卦傳》，說明「屯」兼有「固」、「盈」之義。依段氏的講法，艸木初生，不固、不盈，則不能出土地之上；反過來說，既固既盈，才有「屯」然始生可言。這說明了「難」、「盈」和「固」三種意義之間，是有關係的。讀音方面，段玉裁則採用了《經典釋文》的記載。清代小學家除段玉裁外，朱駿聲《說文通訓定聲》亦注為「陟倫切」，唯以《說文》「屯，難也，象艸木之初生屯然而難」定為本義，而以下列的用法，俱屬假借：

> 為偆、為奄，《易．序卦傳》：「屯者，盈也。」《廣雅．釋詁一》：「屯，滿也。」又為惇，〈晉語〉：「厚之至也。故曰屯。」《左．閔元．傳》：「屯固比入。」又為𥫱，《廣雅．釋詁三》：

---

❽ 許慎著，段玉裁注：《說文解字注》，一篇下，頁一b。

❾ 同前註。

「屯，聚也。」《漢書・陳勝傳》注：「人所聚曰屯。」❿

從《說文通訓定聲》的實例看，朱駿聲「假借」含有音義引申的關係，和今天的定義並不相同。⓫朱駿聲依讀音的近同而聯繫到意義引申之字，故而有偆、奄、笹、屯盈、惇厚、屯聚、屯戍等新的字形和字義。「屯」為「盈滿」之義，朱駿聲亦歸為假借。依照王念孫《廣雅疏證》的解釋，「屯盈」字亦當讀為「屯難」之「屯」：

《序卦傳》云：「盈天地之閒者唯萬物，故受之以屯；屯者，盈也。」又屯《彖傳》云：「雷雨之動滿盈。」是「屯」為盈滿之義，不當讀為「屯田」之「屯」。曹憲音「大村反」，失之。⓬

王念孫認為《彖傳》和《序卦傳》記「屯」字用為「盈滿」之義時，不應該讀作「屯田」（「屯田」含有「屯聚」之義）之「屯」。由此可見，清代最重要的幾位研究文字聲韻訓詁之學的學者，注《周易》「屯」卦之「屯」，無論意義為「屯難」抑或「屯盈」，都讀為“zhun”而不讀為“tun”。

《莊子・外物》有「沈屯」一詞，用的亦是屯難字：

---

❿ 朱駿聲：《說文通訓定聲・屯部第十五》，頁二九b。

⓫ 聲韻學上所謂「假借」僅有聲音的關聯，沒有意義上的關聯。

⓬ 〔魏〕張揖撰，〔清〕王念孫：《廣雅疏證》（南京：江蘇古籍出版社，二〇〇〇年），卷一上，頁一六b。

慰暋沈屯。⑬

《經典釋文》：

張倫反。司馬云：沈，深也；屯，難也。⑭

這樣看，《莊子．外物》的「屯」字應該是採用《易經》「屯」卦「屯難」的音義。

㈡屯聚之「屯」

先秦經典「屯」字另一類音義記錄為「屯聚」之「屯」，在上古屬文部，中古為「定」紐「魂」韻，⑮《經典釋文》音注為「徒本反」或「徒尊反」，反切上字今日維持上古的舌頭音“t”。此一音義，最早的文獻記錄可能是《詩．召南．野有死麕》「白茅純束」，《毛傳》「純束，猶包之也」，鄭《箋》：

純，讀如屯。⑯

⑬ 郭慶藩：《莊子集釋》，卷九上，頁九二〇。

⑭ 陸德明：《經典釋文》，卷二六〈莊子音義下〉，頁一四a。

⑮ 王力：《王力古漢語字典》，頁二四一。

⑯ 毛亨傳，鄭玄箋，孔穎達等正義：《毛詩注疏》，卷一之五，頁九b。

《經典釋文》：

「純」，徒本反，沈云：鄭徒尊反。「屯」，舊徒本反，沈徒尊反，云「屯，聚也」。⓱

徒本反、徒尊反，都讀為「屯聚」之屯。又《莊子．寓言》「火與日，吾屯也」⓲的「屯」亦是「屯聚」字，《經典釋文》音義記錄為：

徒門反，聚也。⓳

成玄英《疏》：

屯，聚也。⓴

成《疏》的解釋是有所本的。《楚辭．離騷》有「飄風屯其相離兮，帥雲霓而來御」之句，正用「聚」之義。《廣雅．釋詁》卷三記載了「屯，難也」之外，㉑同卷又載：

⓱ 陸德明：《經典釋文》，卷五〈毛詩音義上〉，頁九a。
⓲ 郭慶藩撰：《莊子集釋》，卷九上，頁九六〇。
⓳ 陸德明：《經典釋文》，卷二六〈莊子音義下〉，頁一七a。
⓴ 郭慶藩撰：《莊子集釋》，卷九上，頁九六一。
㉑ 張揖撰，王念孫疏證：《廣雅疏證》，卷三下，頁二〇a。

屯，聚也。㉒

《集韻》：

屯，徒渾切。㉓

這個「屯」字義的發展，以後又有「屯陳」、㉔「屯戍」㉕等義，與「屯難」之「屯」字在上古音同樣屬「文部」，讀音是近同的，僅聲母不同。由「屯聚」字發展，又衍生了「囤」、「𥬠」等字。

㈢異文「肫」及其他

阜陽漢簡《周易》以及帛書《周易》作「肫」。㉖「肫」字《說文》釋為「面頯也」。段玉裁

㉒ 同前註，頁五b。

㉓ 《集韻》，收入《小學名著六種》（北京：中華書局，1998年），頁三四。

㉔ 《楚辭・離騷》：「屯余車其千乘兮。」（宋）洪興祖撰，白化文、許德楠、李如鸞、方進點校：《楚辭補注》（北京：中華書局，一九八三年），頁四六。

㉕ 《管子・輕重乙》：「置屯籍農。」房玄齡《注》：「屯，戍也。」（舊題〔周〕管仲撰，黎翔鳳校注，梁運華整理：《管子校注》（北京：中華書局，二〇〇四年），卷二四，頁一四六二）又《漢書・陳勝傳》：「勝、廣皆為屯長。」顏師古《注》：「人所聚曰屯。」（〔漢〕班固撰，〔唐〕顏師古注：《漢書》（北京：中華書局，一九九五），卷三一，頁一七八六）

㉖ 參韓自強：《阜陽漢簡〈周易〉研究》，頁四七。又參陳松長編著，鄭曙斌、喻燕姣協編：《馬王堆簡帛文字編》（北京：文

《注》釋為《史記》「高祖隆準」的「準」字的本字，即俗稱顴骨。又說：

> 《儀禮》《釋文》引《說文》「肫」，之允反，是也。……又〈中庸〉「肫肫其仁」，鄭讀為「誨爾忳忳」之「忳」。忳忳，懇誠皃也。是亦假借也。〈士昏禮〉「腊一肫」，「肫」者，純之假借。純，全也。[27]

雄按：《儀禮．士昏禮》「肫髀不升」，《經典釋文》云：

> 劉音純，音之春反。《字林》之閏反。[28]

又《禮記．中庸》「肫肫其仁」鄭玄《注》云：

> 肫肫，讀如「誨爾忳忳」之「忳」。「忳」，懇誠貌也。「肫肫」，或為「純純」。[29]

《經典釋文》云：

> 依注音之淳反，懇誠皃。……純音淳，又之淳反。[30]

物出版社，二〇〇一年），頁一五九。

[27] 許慎著，段玉裁注：《說文解字注》，四篇下，頁二〇b。

[28] 陸德明：《經典釋文》，卷一〇〈儀禮音義〉，頁四a。

[29] 鄭玄注，孔穎達等正義：《禮記注疏》，卷五三，頁一三b。

[30] 陸德明：《經典釋文》，卷一四〈禮記音義之四〉，頁四b。

很有趣的是，「屯」卦《象傳》：

雲雷屯，君子以經綸。㉛

屈萬里《集釋初稿》：

屯，金文作，即純字，本為絲，故有經綸之象。㉜

《說文》：

純，絲也。㉝

阜陽漢簡《周易》和帛書《周易》「屯」作「肫」，據鄭玄《禮記注》「肫」則作「純」，而追溯《象傳》以「經綸」演繹「屯」字，顯然《象傳》的作者是將「屯」讀為「純」字，或特意將「屯」字依聲音的近同引申到「純、經綸」這樣的意義。這就是本書第貳篇所說的「字義演繹」。「屯」的異文情形，其實正是說明《易經》字義演繹的一個很好的例子。但回來講聲母的問

㉛ 王弼、韓康伯注，孔穎達等正義：《周易注疏》，卷一，頁二九a。

㉜ 屈萬里：《周易集釋初稿》，頁四一。

㉝ 許慎著，段玉裁注：《說文解字注》，一三篇上，頁一b。

題，無論是「之允反」、「之春反」、「之閏反」，反切上字「之」為「止而切」，章母，屬「照三」，是真正的齒音，今亦讀為"zh"而不讀為"t"。

綜合分析，依照前引段玉裁的「不堅固、不盈滿，則不能出」的說法，「屯聚」的意義和「物之初生」、「盈滿」、「堅固」等意義是有關係的。試想有機的生命體經由各種物質條件的聚合，至於充盈、堅固，然後屈屈折折地冒出來成為獨立的生命體，是一個完整的過程，草苗、種子、果實、嬰兒、幼雛無不如此。因此，從「詞族」（word family）的觀念看，屯聚之屯、屯固之屯、屯難之屯、以至於𥫱、奄、芚、肫、囤等字，應該都是同出一源。「屯」字上古聲母僅有「舌音」，也是事實。這一點我們無須否認。

然而，今人不能因此而堅持將《周易》「屯」卦的「屯」字聲母唸為"t"，原因有二：第一、除非今天有人能完全用上古音唸《周易》，否則沒有任何理由要單單將「屯」字唸成錢大昕所講之「舌音」"t"。第二、中古以降，「屯」字既已出現「清濁別義」的情形，也就是動作動詞「屯」（屯聚字）仍然維持濁音定母"t"的讀法，故反切上字為「徒」；狀態動詞「屯」（屯難字）則轉變為清音知母"zh"讀法，故反切上字為「張」或「陟」（「屯盈」亦與「屯難」相同，讀為"zh"），這樣的區別，已歷經一千五百年之久，最後形成了今天「屯」字的兩種讀法，那麼任何人都必須接受這個讀音演變的歷史事實，不能將兩個已經區別的讀音，再混淆一起。

讀音既已確定，以下我們只要證明《周易》「屯」卦本義為「難」，它的聲母必須讀為"zh"

就可以確定。因此，下文我將針對此一問題加以論證。

三、從爻辭內容證明「屯」讀為屯難之「屯」

「屯」字固然兼有兩種音義記錄，但單就「屯」卦而言，讀為屯難之「屯」是沒有任何爭論餘地的，因為從卦爻辭進行內證（或本證），「屯」卦六爻均係圍繞「屯難」之義。以六爻依次而論，初九「磐桓，利居貞，利建侯」，呼應了卦辭的內容「元亨，利貞，勿用有攸往，利建侯」。「磐桓」即「盤旋不進」之義，㉞也就是卦辭所謂「勿用有攸往，利居貞」。王弼《注》釋為「動則難生，不可以進，故磐桓也」，正是注意及此。㉟由初九引申，二、三、四、上爻又都出現「乘馬班如」四字，隱括了「盤旋不進」的困難之義。如六二「屯如邅如，乘馬班如，匪寇，

㉞ 〔清〕李富孫輯《李氏易解賸義》雜引漢儒經說云：「『《子夏傳》曰：盤桓，猶桓旋也。』（原注：《漢上易》一）馬融曰：『槃桓，旋也。』（原注：《釋文》）陸績曰：『屯難之際，盤桓不進之貌。』（原注：《京易注》）」（無求備齋《易經集成》，第一八五冊，卷一，頁六b）。

㉟ 關於「磐桓」的異文，吳新楚《周易異文校證》（廣州：廣東人民出版社，二〇〇一年）有綜合說明：「『磐』，帛《易》作『半』，阜《易》作『般』，《釋文》：『本亦作盤，又作槃。』『桓』，帛《易》作『远（原注：遠）』。按：《釋文》云：『馬云：槃桓，旋也。』『磐桓』，本疊韻連綿詞，字無定形。『磐』、『盤』、『槃』、『般』、『半』和『桓』、『远』，古音均屬元部。」（頁四〇）

婚媾。女子貞不字，十年乃字」，「屯」亦係「難」義，「邅」則亦「盤旋」之貌。《楚辭．九歌．湘君》「邅吾道兮洞庭」，王逸《注》：

邅，轉也。㊱

「乘馬班如」，「班如」亦是「盤旋」之貌。孔穎達《正義》引馬融云：

班，班旋不進也。㊲

「班旋」就是「盤旋」。「屯如邅如」四字，就是對於「乘馬班如」四字的描述。乘馬求婚媾至中途而盤旋不進，復被人誤會為匪盜，這就是「屯難」的一種具體形象的描述。「女子貞不字，十年乃字」二語，更加強了這種「屯難」之象。王引之《經義述聞》說：

六二居中得正，故曰「女子貞」。……「不字」為一句，猶言婦三歲不孕也。「不字」者，屯邅之象，非以「不字」為貞也。……二至四互坤，坤為母為腹，故有妊娠之象。二乘剛則難，故「不字」；應五則順，故反常乃「字」。㊳

㊱ 洪興祖撰：《楚辭補注》，頁六〇。
㊲ 王弼、韓康伯注，孔穎達等正義：《周易注疏》，卷一，頁三〇a。
㊳ 王引之：《經義述聞》，卷一，頁一一b、一二b。

王引之的解釋，再明白不過了。婚媾之始，妻子不孕，十年乃孕，正是一個鮮活的「初生屯然而難」的象徵。接著再看「屯」卦六三：

即鹿无虞，惟入於林中。君子幾不如舍，往吝。

描述君子逐鹿，鹿入林中，❸❾但虞人（治林之官）❹⓿又不在（无虞），前進則有危險，亦等於是「盤旋不進」之貌，故爻辭有「幾不如舍」❹❶的喻象。六四「乘馬斑如，求婚媾」雖然結果為「往吉，无不利」，但首二句亦喻一事在起始階段即遇到困難之意。不過六四與初九相應，往上承九五有志行之象，故屯邅之象暫時消失，而有往吉之慶。至於上六「乘馬班如，泣血漣如」，與九五為乘剛，與六三則無陰陽之應，故不能如六四之往吉无不利，而為「泣血漣如」也。

---

❸❾《象傳》：「即鹿无虞，以從禽也。」（王弼、韓康伯注，孔穎達等正義：《周易注疏》，卷一，頁三〇a）《詩・齊風・還》「並驅從兩肩兮」，《毛傳》：「從，逐也。」（毛亨傳，鄭玄箋，孔穎達等正義：《毛詩注疏》，卷五之一，頁七a）故「從禽」即是追逐禽獸。又《經典釋文》「鹿」：「王肅作麓，云：山足。」（陸德明：《經典釋文》，卷二〈周易音義〉，頁三a）如依王肅說，則「即鹿无虞」指君子欲入山麓狩獵，而無虞人引導，故「幾不如舍」也。

❹⓿《周禮・天官・大宰》：「虞衡作山澤之材。」《疏》：「案〈地官〉掌山澤者謂之虞，掌川林者謂之衡。則衡不掌山澤而云『虞衡作山澤』者，欲互舉以見山澤兼有川林之材也。」鄭玄注，賈公彥疏：《周禮注疏》，卷二，頁八b、一〇a。

❹❶《經典釋文》「幾」：「鄭作機，云：弩牙也。」（陸德明：《經典釋文》，卷二〈周易音義〉，頁三a）「機不如舍」，指準備入林而獵獸，不如舍棄。

但學者也應該注意到，《易經》一卦之中，卦義本可以隨卦爻變動而引申演繹，六十四卦中例子甚多，「屯」卦亦不例外。「屯」卦本義為「屯難」固然毫無疑問的，但該卦九五爻辭也有字義演繹、一字兼二義的情形。爻辭「屯其膏，小貞吉，大貞凶」，「屯」即讀為「囤」。「囤其膏」，就是聚斂貨財之意。[42]朱子《本義》說：

> **九五坎體，有膏潤而不得施，為「屯其膏」之象。占者以處小事，則守正猶可獲吉；以處大事，則雖正而不免於凶。[43]**

朱子用「有膏潤而不得施」，那就是將「屯」讀為「屯聚」；但引申至「處小事獲吉，處大事不免於凶」，那表示本爻亦未嘗脫離「屯難」之義。卦爻辭本來就存在一種扣緊卦名一字的字形或字音，或引申其意義、藉以創造新義的詮釋方法，「屯」九五喻指「施膏」之事受到困阻，囤聚貨財反而招致凶事，顯然亦是一種「屯難」之象。如果說「屯其膏」是兩種音義同時並存，讀者亦不必多慮，因為熟悉《易經》的學者都知道，《易經》卦爻辭這一類「一字而兼二義」或「兼多義」的情形很多，即就「易」字而言，「一名而含三義」就是最顯著的例子。

---

[42] 屈萬里《周易集釋初稿》即引《詩．野有死麕》，讀此字為「屯聚」字，又引《廣雅．釋言》：「膏，澤也。」《孟子．離婁》：「膏澤不下於民。」（頁四五）又屈萬里《周易批注》：「屯，聚；膏，澤。〈大學〉：『財聚則人散。』」（《讀易三種》，頁六二九）

[43] 朱熹：《周易本義》，頁四九。

如前所述，事物在始生之前，多歷經積聚、堅固、充盈的階段，但整個由「始生」到「已生」的過程，都離不開困難。難怪《易經》「屯」卦的取義，許慎《說文》的說解，都將「困難」定為「屯」字的根本意義。

從《易》「屯」卦九五爻辭「屯」兼有「屯難」與「屯聚」二義（說詳下）看來，《易經》撰著之時（西周初年），「屯」字已兼有此二義。[44]從《彖傳》、《序卦傳》、《象傳》「屯難」、「屯滿」、「屯固」、「經綸」等用法看來，「屯」字字義的演繹，至《易傳》朝多向性有更進一步的發展。然而，「屯」卦的音義，卻應从「屯難」而不應从「屯聚」，這是因為「屯」卦六爻，皆有「屯難」的象徵。這是「屯」讀為「屯難」之「屯」最直接而堅實的內證。任何脫離卦爻辭本義，而妄求引申而與卦爻辭違悖的臆測，都是不可靠的。

四、從《彖傳》辭例證明「屯」讀為屯難之「屯」

成教授 "'tun' has primary sense of gathering which gives rise to secondary sense of difficulty as represented by the sound of 'zhun'" 的推論，是產生自《彖傳》「剛柔始交而難生」一語。從 Editor's note 內容推斷，他是將「剛柔始交」四字理解為「陰陽屯聚在一起」，並認此為原始意

[44] 《莊子・外物》、〈寓言〉兩篇出現兩個「屯」字，一讀為屯難，一讀為屯聚，亦可為一佐證。

義（primary sense of gathering），之後才引申出「而難生」的第二層意義（secondary sense of difficulty）。熟悉《周易》的學者都應該知道，這樣的理解絕不符合《彖傳》的辭例，因為，依照《彖傳》辭例，「剛柔始交」四字講的是卦的上下二體之關係，並不是泛指陰陽屯聚（而且「始交」的「交」字也不能訓解為「屯聚」）。謹說明如下。

「屯」《彖傳》：

> 屯，剛柔始交而難生，動乎險中，大亨貞。雷雨之動滿盈，天造草昧，宜建侯而不寧。

朱子《周易本義》的讀法是：

> 以二體釋卦名義。「始交」謂震，「難生」謂坎。[45]

《本義》的意思是「屯」的內卦「震」初九與六二為六十四卦首次出現陰陽二爻相交接，此所謂「(剛柔）始交」；外卦「坎」則為困難之象，即所謂「難生」，也就是「屯」卦取義的重心。又六十四卦首二卦「乾」、「坤」為純剛、純柔之卦，故剛柔不交；第三卦「屯」才開始六爻有剛有

---

45 朱熹：《周易本義》，頁四六。雄按：《本義》的詮解，可能參考了北宋學者龔原《周易新講義》之說：「『剛柔始交而難生』，此屯之成體也。『剛柔始交』者，震也；『難生』者，坎也。乾坤之畫，一索而得震，故曰『剛柔始交』；一陽陷乎二陰之間，而在蹇為難，故曰『難生』。有體斯有用，震動乎坎險之中者，用也。故二體合而成卦，成卦而後致用。」（無求備齋《易經集成》，第一七冊，卷二，頁七四）

柔，「剛柔始交」四字的立論基礎，亦與此有關（詳下文）。虞翻所謂「乾剛坤柔」，即指此。「震」初九、六二兩爻為陰陽相交，就是不折不扣的「始交」。虞翻所謂「坎二交初」，亦指此（說詳下文）。[46]簡而言之，「剛柔始交而難生」，漢儒宋儒的解釋，都著眼於上下二體的關係，沒有絲毫涉及「剛柔相聚」（gathering）的含義。

也許成教授會認為，無論是虞翻或朱子讀《彖傳》都讀錯了。那麼請再看看《彖傳》本身解釋經文的模式，就不難證明虞翻和朱子都是立說有據。眾所周知，《彖傳》就是解釋「彖辭」（即卦辭）的一種《傳》，它在六十四卦中，有非常一貫的解釋形態，就是以釋卦的上下二體（即內外卦）作為基礎，再從二體之關係引申（或說明）德性或自然的意義。我舉數例如下：

1. 訟䷅《彖》：訟，上剛下險，險而健，訟。……（雄按：上剛下險，即指外卦乾而內卦坎。故稱「險而健」。）
2. 履䷉《彖》：履，柔履剛也，說而應乎乾，是以履虎尾，不咥人。……（雄按：「兌」為少女之卦為柔，乾為剛，故稱「柔履剛」。）
3. 泰䷊《彖》：泰，「小往大來，吉亨」，則是天地交而萬物通也。……（雄按：卦爻辭通用

[46] 虞翻釋《易》諸例之中，有陰陽升降之例。「屯」卦之解，虞翻意指內卦原應為「坎」，九二下降為初九，初六上升為六二，「坎」遂變動為「震」。

之語言，陽稱「大」，陰稱「小」；「來」指內卦，「往」指外卦。「小往」指上體坤，而「大來」指下體乾。）

4. 隨䷐《彖》：**隨，剛來而下柔，動而說，隨。**……（雄按：「剛來」指內卦震為長男之卦；「柔」指外卦兌為少女之卦。）

5. 蠱䷑《彖》：**蠱，剛上而柔下，巽而止，蠱。**……（雄按：「剛上」指外卦艮為少男之卦；「柔下」指內卦巽為長女之卦。）

6. 蹇䷦《彖》：**蹇，難也，險在前也。見險而能止，知矣哉！**……（雄按：「蹇」亦有「難」義，亦在於上下二體，即內卦「艮」之上為外卦「坎」，所謂「險在前」；進一步則引申至人文意義，而稱「見險而能止，知矣哉」。）

7. 解䷧《彖》：**解，險以動，動而免乎險，解。**（雄按：「解」內卦「坎」而外卦「震」，故稱「險以動」；進一步則引申至人文意義，而稱「動而免乎險」。）

8. 困䷮《彖》：**困，剛揜也。險以說，困而不失其所亨，其唯君子乎！**……（雄按：剛揜，指內卦「坎」之陽卦為外卦「兌」之陰卦所揜，而下承以「險以說」，即內卦坎險而外卦兌說。）

9. 鼎䷱《彖》：**鼎，象也，以木巽火，亨飪也。**……（雄按：「鼎」卦內卦「巽」為「木」之象，外卦「離」為「火」之象，故稱「以木巽火」，而有烹飪之象。）

或從爻位說明，亦是強調上下體的關係的。例如：

1. 需䷄《彖》：**需，須也，險在前也，剛健而不陷，其義不困窮。**（雄按：「險在前」，即指「需」外卦「坎」；「剛健而不陷」，即指內卦「乾」。）
2. 小畜䷈《彖》：**小畜，柔得位而上下應之，曰小畜。健而巽，剛中而志行，乃亨。**（雄按：柔得位而上下應之，指六四得位，與九五為志行，與初九為相應。）[47]
3. 損䷨《彖》：**損，損下益上，其道上行。**……（雄按：損下益上，指減損內卦三爻自陽變陰，以益上爻自陰變陽。）
4. 益䷩《彖》：**益，損上益下，民說无疆。**……（雄按：此與「損」卦辭例相同。兩卦「上」、「下」二字，均亦同時喻指君子與小民。故「益」卦《彖傳》稱「民說无疆」。）
5. 中孚䷼《彖》：**中孚，柔在內而剛得中，說而巽，孚乃化邦也。**（雄按：「柔在內」指上下體均為女性之卦，亦指三、四爻為陰爻居四陽之內；「剛得中」則指九二及九五。）

---

[47] 朱熹《周易本義》則認為與其餘五陽相應：「以卦體釋卦名義。『柔得位』，指六居四，『上下』，謂五陽。」（頁六六）

6. 小過䷽《彖》：**小過，小者過而亨也。**（雄按：卦爻辭例，陰稱「小」，陽稱「大」。「小者過」，指內外卦之中爻即「六二」、「六五」以陰遇陰，不得相應。）

7. 未濟䷿《彖》：**「未濟，亨」，柔得中也；「小狐汔濟」，未出中也。「濡其尾，无攸利」，不續終也；雖不當位，剛柔應也。**（雄按：「未濟，亨」為卦辭，「柔得中也」指外卦離之中爻為六五以柔居中；「小狐汔濟」亦為卦辭，「未出中也」，指內卦坎以九二剛居下體之中。）[48]

以上我舉了十六個例子，應該足夠了。當然，與上述十六例子不同的例外模式，在《彖傳》中也是有的，例如「剝䷖」、「復䷗」、「夬䷪」、「姤䷫」四卦，《彖傳》均以六爻陰陽消長以為說，而不以上下二體為說。「剝」《彖傳》「剝，剝也，柔變剛也。……」即指「陰」自初至五共成五陰爻決「陽」而成卦。「復」《彖傳》「剛反」，即指初九陽爻居五陰之下，為卦辭「七日來復」之意。「夬」《彖傳》「夬，決也，剛決柔也。健而說，決而和。……」即指「陽」自初至五共成五陽爻決「陰」而成卦。「姤」《彖傳》「姤，遇也，柔遇剛也」，即初六陰爻遇五陽爻之意。但這四個例子都是陰陽爻數懸殊，故以剛柔決變以為言，在《彖傳》中算是特例，與絕大部分的辭例不同是有其特殊原因的。

---

[48] 經卦「坎」有「狐」之象，說詳拙著：〈論象數詮《易》的效用與限制〉，頁二二四—二二五。

上文所述《彖傳》的辭例，絕不是我個人的特殊理解，歷代《易》家無不如此解讀。舉例言之，如「復」卦《彖傳》：

「復，亨」，剛反，動而以順行，是以「出入无疾，朋來无咎」。

王弼《注》：

入則為反，出則「剛長」，故「无疾」。[49]

「入則為反」釋卦辭「剛反」，就是指初九一陽；「出則剛長」，指的是外卦三陰終將變而為陽。朱子《周易本義》解釋各卦的《彖傳》內容時，更常常用「以卦體釋卦名義」或「以卦體、卦德釋卦名義」以為說；在「履」卦《彖傳》更特別說明「柔履剛」三字是「以二體釋卦名義」。這些例子實在太多，幾已是讀《易》的常識。

五、從歷代《易》注證明「屯」讀為屯難之「屯」

就《周易》歷代的注解而言，以我的淺陋，可以說從來未見過有任何的注釋，是將「屯」卦

[49] 王弼、韓康伯注，孔穎達等正義：《周易注疏》，卷三，頁一八b。

用「屯聚」之義來解釋的。這是因為自《彖傳》以降，歷代注家對於《彖傳》「剛柔始交而難生」一語，雖有不同的說解，但都一致認萬物初生而困難才是「屯」的本義。這一點是沒有任何異議的。除了上文已引述的許慎、朱子、龔原、段玉裁等《易》家和經學家外，以下再略舉數家《易》注說明。漢儒或以象數以為說，如虞翻以「陰陽升降」的《易》例以為說，亦以「難」義解釋「屯」。他說：

震為侯，初剛難拔，故利以建侯。《老子》曰：「善建者不拔。」

這是以內卦初九說明其「難拔」之義，似亦參用了《左傳》「屯固比入」之誼。同時引《老子》善建者不拔之義，說明卦辭之所以有「利建侯」之辭，關鍵即在於初爻的剛強義；因其剛強難拔，故為善建封地之侯。虞翻解釋《彖傳》「剛柔始交而難生」句又說：

乾剛坤柔，坎二交初，故「始交」。確乎難拔，故「難生」也。

虞翻認為「剛柔始交」的理據有二，一者指「屯」的前兩卦（也是六十四卦的首二卦）為乾坤，恰好一為純剛、一為純柔之卦；二者指「屯」內卦原為坎卦，唯二爻與初爻陰陽互換而成為震，故稱「始交」。「確乎難拔」即取「難」的意思而言。又漢儒崔憬說：

> 十二月陽始浸長，而交於陰，故曰「剛柔始交」。萬物萌芽，生於地中，有寒冰之難，故言「難生」。於人事，則是運季業初之際也。[50]

「屯」卦二陽四陰，故以十二月為言。[51]相對於漢儒喜談象數，宋儒則多循陰陽消長以為說。蘇軾《東坡易傳》卷一：

> 屯有四陰，屯之義也。其二陰以无應為屯，其二陰以有應而不得相從為屯。故曰「剛柔始交而難生」。[52]

蘇軾著眼於「屯」卦四陰爻而以為屯難之義取於此。相對於蘇軾著眼於「陰」，宋儒趙彥肅《復齋易說》釋「剛柔始交而難生」則著眼於「氣宇宙論」的「陽」的出現，云：

> 分氣者一，受施者二；一專而精，二博而衍。始者難生，終焉效著；陽之體段，明見于此。[53]

彥肅所謂「分氣者一」指的是「天」，為理之本源（宋儒常引《繫辭傳》「天一」以作詮解）；「受施者二」指的是「地」，為氣化流行（宋儒常引《繫辭傳》「地二」以為詮解）。天是專而精，地

---

[50] 皆參李鼎祚輯：《周易集解》，卷二，頁三八。

[51] 十二消息卦之觀念，一陽之「復」為十一月，十二月則添一陽，故崔憬稱「陽始浸長」。

[52] 〔宋〕蘇軾：《東坡先生易傳》（無求備齋《易經集成》，第一六冊），卷一，頁一三b。

[53] 〔宋〕趙彥肅：《復齋易說》（無求備齋《易經集成》，第一七冊），卷一，頁五a。

是博而衍；「乾知大始」而難生，「坤作成物」而效著。彥肅以為「陽」的體段，即於「屯」卦可見。

以陰陽以為說者，尚有北宋陳瓘《了齋易說》：

剛柔不交，而萬物不生；交而難生，交之始也。「動乎坎中」者，震出而坎伏也。「交」非乾也，子考也。乾至健而常易，「難」則不易矣。盈天地之間者唯萬物，雷雨之動滿盈，則无不生也。生之謂動，草而未竭，昧而未麗，天造之始也。[54]

這段話的意思是，「乾」、「坤」二卦為純陽純陰，天地肇始，剛柔不交故萬物不生；「剛柔始交」則已脫離了「乾」的階段，是萬物隨雷雨之動而始生的現象，意指「屯」卦處於天地始生之後。又清儒孫彤序於嘉慶年間的《易義考逸》論「屯」卦引李氏曰：

雲，陰也；雷，陽也。陰陽二氣相激薄而未感通，情不相得，故難生也。[55]

陰陽二氣之始交，主要還是由於「屯」卦之前，即為六十四卦首二卦「乾」及「坤」的緣故。故除了據陰陽以為說外，亦有直接指「剛柔始交」為「乾坤始交」。如宋儒張根《吳園周易解》：

[54]〔宋〕陳瓘：《了齋易說》（無求備齋《易經集成》，第一九冊），頁九a—b。
[55]〔清〕孫彤：《易義考逸》（無求備齋《易經集成》，第一八五冊），頁二a。

震、坎皆陽，而曰「剛柔始交」者，此論乾坤而不論卦，與損剛益柔之義同。56

歷代諸家之中，似以清儒王夫之《周易內傳》解釋得最為詳細。他說：

「始交」，謂繼乾坤而為陰陽相雜之始也。《周易》竝建乾坤以為首，立天地陰陽之全體也。全體立，則大用行。六十二卦，備天道人事、陰陽變化之大用。物之始生，天道人事變化之始也。陰以為質，陽以為神；質立而神發焉。陽氣先動，以交乎固有之陰，物乃以生。「屯」之為卦，陽一交而處乎下，以震動乎陰之藏；再交而函乎中，以主陰而施其潤。其在艸木，則陽方興而欲出之象，故「屯」繼乾坤而為陰陽之始交。

上段文字主要釋「剛柔始交」四字，王夫之直接指出「屯」是接「乾」、「坤」二卦而為第三卦，也是「陰陽相雜之始」（因首二卦為純陽純陰之卦），那就是「天道人事、陰陽變化之大用」，而陽氣處於下，施潤於陰而興盛欲出。以下三段文字，則分別詮解「難生」二字。他接著又說：

乾坤初立，天道方興，非陰極陽生之謂，是故不以「復」為始交，而以「屯」也。「難生」，謂九五陷於二陰之中，為上六所覆蔽，有相爭不寧之道焉。陽之交陰，本以和陰，而普成其用；然陰質凝滯而吝於施，陽入其中，欲散其滯以流形於品物，情且疑沮，而不相信任，則難之生，不

56 〔宋〕張根：《吳園周易解》（無求備齋《易經集成》，第一九冊），卷一，頁一一 a。

能免也。故六二疑寇、九五屯膏、上六泣血，皆難也。57

夫之強調「屯」的「難生」並不是像「復」卦的「陰極陽生」，而是「陽」陷於陰之中而為陰所凝滯。就各爻具體而言，則是九五陷於二陰之中，反映了陽氣受陰氣的凝滯疑沮，遂有困難產生。「屯」六二、九五、上六都是「難」的具體描述（此處夫之亦用爻辭以為內證）。王夫之有如此清楚的解釋，故為後世學者所接受。58

論者或以為，《易經》撰著之世距今遙遠，後世學者或亦有累世承繼之錯誤亦未可知。故《彖傳》以降以迄清代學者都將「屯」釋為「屯難」，亦不代表今人不能將「屯聚」義定為「屯」卦本義。對於這樣的看法，我不以為然。我所不能理解的是：今天究竟有何種理由支持我們遽棄舊說，另標新義呢？《易經》是中國的經典。中國經典的詮釋傳統，二千年來一向有其科學、求真的精神。這種精神，除了講求「實證」以外，也強調尊重較早期的說解。也就是說，如果沒有充分的證據，一般都會以奕世相傳的傳注之解為基礎，進行修正、討論、重探。所可惜的是，《易經》自二十世紀初即受到廣泛攻擊、排詆，在科學主義思潮盛行之下，學者普遍先認定《易經》是毫無義理可言的卜筮之書，進而摧毀《易傳》和漢儒說解的權威性，遂使近當代學者

57 以上引自〔清〕王夫之：《周易內傳》（無求備齋《易經集成》，第七五冊），卷一下，頁二a—三a。

58 蕭元認為「屯」接「乾」、「坤」二卦之後，故為「剛柔始交」以為說：「屯卦是乾、坤二卦始交所生的第一卦。」參蕭元主編、廖名春副主編：《周易大辭典》（北京：中國工人出版社，一九九一年），頁九七。該條的撰者為蕭元。

多轉而任意雜引古文字和先秦諸子學說，來重新詮解《易經》，而產生了種種奇奇怪怪、自騁心臆的解說。《易經》究竟始作於何時？原始作者為誰？這是今天仍無法回答的問題，也許他日亦不會有答案。然而，任何時代的學者讀經典，都不能迴避不去閱讀文本；而讀文本，又不能毫無文獻訓詁的依據。這時候，後人既不能師心自用，就必須回歸較早的文獻記錄以及傳注傳統，去求得一個至少是相對可靠的答案。我們對於傳統經典的內容，包括字形、字音、字義，一般學術規範大體都如此。如前所說，中國經學研究的傳統一向是尊重層累下來的傳注之說，除非有新證據出現（如出土文獻），否則任何人都不能依憑一己的揣度，來決定哪一個字唸成什麼音或作什麼形。我之所以不厭其煩地提出這一點，主要是要說明我們對於詮釋經典的一種基本的態度。對於「屯」卦的解釋，亦不能例外。學術研究者一旦放棄了這種基本態度，那就可以很容易地將秦漢以後儒者的說解視為誤說，全盤否定，轉對於早期文本（如《易經》、《易傳》）直抒胸臆，作出似是而非的推論。在此我不想具體舉證，批評前賢。但二十世紀以來，這樣的冤枉路已走了不少，未來我們研究經典，似應更重視「同情的理解」這一原則了。

四、結論

本文首先臚列「屯」卦兩種音義記錄，以說明「屯難」字與「屯聚」字派分的實況，接著引

「屯」卦六爻爻辭說明《彖傳》「剛柔始交」四字（內證）。第四節則引《彖傳》辭例說明「屯」《彖》辭句（本證）。第五節引歷代《易》注以見《周易》詮釋傳統的說解（旁證）。關於「屯」的讀音問題，我一向不認為需要撰文討論，如我上文所述，這是顯而易見、毫無爭議餘地的。

「屯」字上古聲類雖只有「舌音」，「屯難」、「屯滿」、「屯聚」諸義也可能同出一源，是由一個「詞族」派分出來的。但中古以降，「屯」的聲母早已派分為清（知母）濁（定母）兩類，前者表屯難義（狀態動詞），後者表屯聚義（動作動詞），而《周易》「屯」卦本義為「難」，從內證、本證、旁證看來都毫無爭議餘地。生於當代的我們既不能重現古音，那就必須依照累積了一千五百年的讀法；故今天「屯」卦之名，自應讀為 “zhun” 而非 “tun”。

在西方學術界，成中英教授並不是第一位犯錯誤的學者，如 Richard Rutt 將「屯」意譯為 “massed”（聚集），59 就犯了和成教授同樣的錯誤；但 Rutt 注音為 “zhun”，至少讀音唸對了。其餘翻譯《易經》的學者絕大部分都沒有犯錯，如理雅各（James Legge）、60 衛禮賢父子（Richard

59 See Richard Rutt, *The Book of Changes (Zhouyi)* (Surrey: Curzon Press, 1996), p. 198, 226.

60 理雅各音注為 “chun”，意譯為 “Initial difficulties, the symbol of bursting”。參 James Legge trans., *I Ching, Book of Changes* (New Hyde Park, N.Y.: University Books, 1964), p. 62.

Wilhelm, Hellmut Wilhelm）、[61] Richard A. Kunst、[62] Richard J. Lynn [63]等等，都掌握了正確的音與義。成中英教授音譯為“tun”，意譯為“gathering”，在音和義兩個方面都錯了。

《周易》「屯」卦音義的問題，驗之以「屯」字兩種音義的區別，驗之以「屯」卦各爻爻辭，驗之以《彖傳》的辭例，驗之以歷代注家對「屯」的解釋，在在都證明，讀為「屯難」之「屯」“zhun”才是正確的。這當中沒有絲毫模糊的空間。任何人要堅持「屯」讀為「屯聚」之「屯」，除非改變爻辭的內容，否定《彖傳》的辭例，再將漢代以迄近代所有《易》學家的解說全盤推翻。但這樣的可能性有多大呢？相信讀本文者閱讀至此，已能了然於胸了。

---

[61] 音注為“chun”，意譯為“Difficulty at the Beginning”。參 Richard Wilhelm（衛禮賢）trans., *The I Ching, or, Book of Changes*, rendered into English by Cary F. Baynes, foreword by C. G. Jung (Princeton, N. J.: Princeton University Press,1971), p.16. Hellmut Wilhelm, *Heaven, Earth, and Man in the Book of Changes* (Seattle: University of Washington Press, second printing 1980), p. 65.

[62] Kunst 音注為“zhun.”參 Richard A. Kunst, *The Original “Yijing”: A Text, Phonetic Transcription, Translation and Indexes, with Sample Glosses* (UMI Dissertation Information Service), p. 244.

[63] Richard J. Lynn 音注為“zhun”，意譯為“the difficulty of giving birth when the hard and soft begin to interact.”參 Richard J. Lynn, *The Classic of Changes, A New Translation of the I Ching as Interpreted by Wang Bi* (New York: Colombia University Press, 1994), p. 166

伍、先秦經典「行」字字義的原始與變遷
——兼論「五行」*

一、研究背景與問題緣起

經典中有許多「觀念字」（或稱「哲學範疇」或「哲學概念範疇」，key notions / ideas），❶

* 本文係本書作者與楊秀芳教授、朱歧祥教授、劉承慧教授等三位學者合著並聯名發表，原刊《中國文哲研究集刊》第三五期（二〇〇九年九月），頁八九—一二七。其寫作背景如下：二〇〇三—二〇〇四年，本書作者（以下簡稱筆者）邀請朱歧祥、李隆獻、佐藤將之、林啟屏、楊秀芳、劉文清、劉承慧、魏培泉（略依姓氏筆劃排名）等學者共同進行「先秦經典中『行』字字義研究計畫」。其主要研究成果，由其中四位教授合撰，最後由筆者負責整合完成全文。另：劉文清依據本計畫提供之資料，撰成〈《周易》行字字義研究〉一文，已刊登於《周易研究》二〇〇七年第五期。在研究過程中，多位計畫成員曾撰寫簡短文稿提出見解，供大家討論，謹此致謝。本文第二節「字形分析」由朱歧祥負責，第三節「音義分析」由楊秀芳撰寫，第四節「語法分析」由劉承慧負責。第一節「研究背景及問題緣起」、第五節「傳世與出土文獻的

研究者不應該單獨從字形或語音研究它們的本義，應更全面地透過各種專業知識去考察其「意義群」，去了解其意義如何引申和變遷。我們在本文選擇了一個大家熟悉的例子「行」字作為分析對象。我們認為：道路的「行」、「行走」的「行」、《郭店楚簡．五行》的「行」、〈洪範〉「五行」的「行」，都用相同的字，但意義卻為相異；《郭店楚簡》的「五行」更在「形於內」和「不形於內」去作區分「德之行」和「行」。不同的用法，包括行走、道德行為、天道、天地的元素等，同一個字包含了不同的指涉，這當中一定有一些原因，導致「行」字形成具有內在關聯的意義群。本文試著從字形、語音、語法、思想內涵等四方面去考察先秦經典中「行」這個字的字義。

『行』字字義綜合分析」、第六節「『行』字哲理化的過程」和第七節「結論」由筆者負責撰寫。全文最後由筆者貫串、刪潤而成。若干原始執筆人的意見，彼此之間有衝突的地方，均由筆者協調作者討論後折衷訂稿。此外，楊秀芳另有〈從詞族觀點論「天行健」的意義〉一文，發表於國科會整合型專題計畫「經典詮釋中的語文分析研究計畫」與北海道大學中國文化論講座合辦「首屆東亞經典詮釋中的語文分析國際學術研討會」）二〇〇六年八月二三—二五日），後改題為〈從詞族研究論「天行健」的意義〉，收入鄭吉雄、佐藤錬太郎合編：《臺日學者論東亞經典詮釋中的語文分析》一書，與本文論題相關，請讀者同時參考。

❶ 讀者可參張岱年：《中國古典哲學概念範疇要論》（北京：中國社會科學出版社出版，一九八七年）。張岱年將中國古典哲學概念範疇分為三大類：「一是自然哲學的概念範疇，二是人生哲學的概念範疇，三是知識論的概念範疇。」（〈自序〉，頁二）又可參張立文：《中國哲學範疇發展史（人道篇）》（臺北：五南圖書出版公司，一九九七年）。

以下容我們先做一些方法論的說明。字義訓釋在西方經典詮釋傳統一向頗被重視；❷中國經典傳統中，諸如「仁」、「義」、「性」、「氣」、「道」、「天」、「誠」、「中」等「觀念字」及其意義，可以說從未被忽視過。這些「名」❸和「字」❹都足以為先秦各家各派思想觀念精萃之所寄。儒家經典尤其強調「語言」的衍伸性與神聖性，像孔子「政者，正也」，將「政」與「正」作語義的聯繫，再引申到「子率以正，孰敢不正」的教化意義。❺像這樣明顯的例子，可謂俯拾皆是。《春秋》以「辭」作褒貶，絕對有其語言哲學的來源。後世經學家和思想家對於這些「觀念字」的解釋，或側重形、音、義的訓釋，認為必須先明訓詁才能闡明義理；或側重義理的演繹，認為

---

❷ 歐洲自西元前四世紀柏拉圖（Plato）撰寫《對話錄》（*Cratylus*），其中所討論的語言分析，早已顯示了語言、語法在西方哲學史上的重要性。例如十五世紀義大利學者 Lorenzo Valla (1407-1458) 曾說：「當字源發生錯誤時，定義也將錯誤。」("When the etymology is false, the definition will be false.") Donald R. Kelley, *Foundations of Modern Historical Scholarship: Language, Law, and History in the French renaissance* (N. Y.: Columbia University Press, 1970), p. 43. 這句話所傳達的意旨與乾嘉學者的明訓詁之義非常接近。關於歐洲詮釋學與修辭學的問題，請參洪漢鼎：〈詮釋學與修辭學〉，《中國詮釋學》第一輯（濟南：山東人民出版社，二〇〇三年），頁一—一一。

❸ 古代哲學家僅稱之為「名」，即正名、共名、別名之謂，如劉熙《釋名》用意亦同。

❹ 古代所謂「名」，後世思想家或稱之為「字」，稱其中之義蘊為「字義」，如陳淳《字義》（或稱《北溪字義》）、戴震《孟子字義疏證》、劉師培《理學字義通釋》之類。並參張岱年：《中國古典哲學概念範疇要論》，〈自序〉，頁一—二。

❺ 關於孔子及其弟子運用聲訓的歷史意義，並參張以仁：〈聲訓的發展與儒家的關係〉，收入張以仁：《中國語文學論集》（臺北：東昇出版事業公司，一九八一年），頁五三—八四。

抽象觀念是心性之學的核心命題。漢學與宋學的分途發展，形成了兩個不同的解經典範。中國經典的許多觀念字，寄託了豐富的意義世界，為三千年來經典解釋者帶來困擾，也給予資源。直至近世，新儒家學者如馮友蘭撰寫《貞元六書》中的《新理學》（一九三七）即以論說中國哲學觀念為主，共討論了理、氣、道、性、心等共十七個觀念；❻唐君毅編撰《中國哲學原論》（一九六六）亦以哲學名辭與問題為中心，「以貫論中國哲學」。❼但他們完全捨棄漢學訓詁的方法，是否恰當，值得商榷。

清儒有所謂「訓詁明而後義理明」的講法，而近代治哲學者或反而認為「義理明而後訓詁明」。❽其實，觀念字意義的掌握，訓詁、義理必須同時並進，捨一不可。我們認為：「語言」既是考據問題也是哲學問題。哲學方法不能完全解決考據問題，考據方法也不能完全解決哲學問題，兩種方法必須相須為用。若能做到兼用「訓詁分析」和「義理分析」，必能為當代經典詮釋學，推出一個嶄新的世界。相反地，如果仍糾結於「訓詁明而後義理明」或「義理明而後訓詁明」的爭辯，等於重新陷身於千百年以來漢宋異同的大漩渦，不能自拔。

---

❻ 馮友蘭在《新理學．緒論》中多次強調「哲學中之觀念、命題及其推論」（馮友蘭：《貞元六書》（上海：華東師範大學出版社，一九九六年），頁一〇）。

❼ 唐君毅：《中國哲學原論．導論篇》，〈自序〉，《唐君毅全集》（臺北：臺灣學生書局，一九八六年），頁五。

❽ 唐君毅：「清儒言訓詁明而後義理明，考覈為義理之原，今則當補之以義理明而後訓詁明，義理亦考覈之原矣。」同前註，頁四。

「語義」究竟應如何掌握，的確是一個大問題。傳統「訓詁明而後義理明」這句話，常被有意無意地錯誤解釋為：講明字辭之書面意義，即可展現經典的全部義理。事實上，清儒這一類概念的含義至為複雜，所謂「本義」，本來就不是一個僵固的概念。有時他們所謂「明訓詁」，只是單指研求經典字辭的本義，但有時既包括橫向地將同一字辭概念，在不同的經典中展現之不同意義，作比較聯繫；也包括縱向地探討歷代注疏對一字一辭的不同解釋。❾由於清儒嚴謹地設定了「訓詁考據」的規矩，卻完全沒有界定「義理」的界線是什麼，❿那就等於說「明訓詁」只是一個進入經典世界的基準線；一旦越過這個基準線，展現在詮釋者面前的，可以是一個一望無際的「義理」之境。

從經典詮釋理論上講，當代學者或認為「語義」是透過語言的用法確定；⓫或認為語言

---

❾ 如段玉裁強調文字「有古形，有今形；有古音，有今音；有古義，有今義；六者互相求，舉一可得其五。古今者，不定之名也。三代為古，則漢為今；漢魏晉為古，則唐宋以下為今。」（段玉裁：〈王懷祖廣雅注序〉，《經韵樓集》，卷八，頁三a）段玉裁所謂「古」、「今」是相對而不是絕對的。關於清儒對語言與經義關係的創造性詮解，請參拙著：〈論清儒經典詮釋的拓展與限制──並試論清代社群意識的發展〉。

❿ 清儒對於「義理」有兩種態度。顧炎武說「古之所謂理學，經學也」，又說「博學於文，行己有恥」，暗示了知識活動（學）和道德準則（恥）具有關聯性。而惠棟自書楹聯：「六經尊服鄭，百行法程朱。」則將經典知識（源出於漢儒）與道德準則（源出於宋儒）區分為二，這是一種對義理的態度；戴震認為賢人、聖人之理義存乎經典所載的典章制度（〈題惠定宇先生授經圖〉），認為義理與知識同出一源，這又是另一種。

⓫ 如黃宣範解釋維根斯坦「語義即其用法」（meaning is its use）一語：「主要在指出解析一個語句的語義等於釐定該語句究

（language）、書寫之文獻（written texts）、語言傳統（linguistic tradition）均對「意義」（meaning）有著無法避免的約束和改變，從而影響詮釋（interpretation）與理解（understanding）的活動。⓬這樣看，宋明儒所提出種種義理分析的方法，固然與部分詮釋學的理趣若合符節，而清儒的研究，也具備了若干現代語言學和詮釋學的考察方法。漢學傳統和宋學傳統，在經典詮釋的境界上，不但是各有所得，相互間也不是截然無關的。

近一世紀學術界各領域如古文字學、上古音、語法學等屬廣義語文學的知識領域均有長足進步，其方法之精與觸類之廣，十九世紀以前的研究已不可相提並論。同時，先秦思想史研究受到大量新出土文獻研究的刺激，其理論與視野，亦非一世紀以前的水準。如果進一步深入、廣泛地探討，甚至可以發現先秦諸子關於「名」的討論，可能反映諸子各持一套獨特的語言策略，以建構其獨特的世界秩序和倫理秩序。那麼，將語文學的各種技術性知識和思想史的理論性知識相結合，彼此溝通，互相支援，也許可以將中國經典詮釋的工作，提升至一個新的境界。

係如何使用，用法相同者，語義便相同；用法不同，語義就發生了差異。」參黃宣範：〈語義學研究的幾個問題〉，收入幼獅月刊社編：《中國語言學論集》（臺北：幼獅文化事業公司，一九七九年），頁三八五。

⓬ 伽達默爾《真理與方法》第三章 "The ontological shift of hermeneutics guided by language" 有說，詳 Hans-Georg Gadamer, *Truth and Method*, trans. & ed. Garrett Barden and John Cumming (New York: Continuum, 1975), pp. 351-357.

二、「行」字的字形分析

我們先從最古老的材料檢查，看甲骨文「行」字的用例：

㈠名詞

1.人名：

貞：行叶王事？（《合》五四五五）⑬

辛未卜，行貞：其乎永行？（《合》二三六七一）

2.地名：

叀（惟）行南樕擒又狐？（《合》二八三二〇）

冓在行？（《屯》二七一八）⑭

---

⑬ 書名簡稱《合》指郭沫若主編：《甲骨文合集》（北京：中華書局，一九七七—一九八三年），書名簡稱後的數字指該著錄的片號，以下不另注明。

⑭ 書名簡稱《屯》指中國社會科學院考古研究所編：《小屯南地甲骨》（北京：中華書局，一九八〇—一九八三年），書名簡稱後的數字指該著錄的片號，以下不另注明。

㈡動詞：行走之義

己丑王不行自雀？　《合》二一九〇一

乙巳卜出，王行，逐？　《合》二四四四五

弜（勿）行？　《合》三三〇三三

其次，我們看「行」字字形的演變。「行」字甲骨文寫作行（《合》四九〇三反）、行（《合》六六五九五）、行（《合》二六二一〇），象四達之衢。《合》二六二一〇的形體與前二形稍有不同，上方的筆畫由折筆拉直為斜筆。金文作行（行父辛觶，西周早期，第十一冊，六三〇五號）、[15]行（虢季子白盤，西周晚期，一六．一〇一七三）、行（孫叔師父壺，春秋，一五．九七〇六）、行（曾伯文鐳，春秋早期，一六．九九六一），均承襲了甲骨文的形體。「行」的寫法，在簡牘文字中普遍的使用，作行（《包》一五）、[16]行（《包》二三九）、行（《睡》〈秦律十八種．金布律〉六六）、[17]行（《睡》〈為吏之道〉五）。

[15] 本文引用金文字形及辭例後，括號內所注數字如無特別標明，均為該器在中國社會科學院考古研究所編：《殷周金文集成》（北京：中華書局，一九八四—一九九四年）之冊數及編號，時代亦均據此書所定，以下不另注明。

[16] 書名簡稱《包》指湖北省荊沙鐵路考古隊編：《包山楚簡》（北京：文物出版社，一九九一年），書名簡稱後的數字指該字形所在的竹簡編號，以下不另注明。

[17] 書名簡稱《睡》指睡虎地秦墓竹簡整理小組編：《睡虎地秦墓竹簡》（北京：文物出版社，一九九〇年），書名簡稱後的中

從「用例」上看，「行」字義為行走；從字形演變觀察，「行」字義則為道路。《說文·行部》：「行，人之步趨也，从彳亍。」[18]其本義象四達之大道，《爾雅·釋宮》「行，道也」。[19]《詩·周南·卷耳》：「嗟我懷人，寘彼周行」，[20]周行即周之國道，「行」即用作道路。那麼「道路」義可能是「行」字造字的本義。又或假借「行」字作為人名或地名（如上引）。至兩周金文「行」字有進一步的運用；在戰國時，更已引申出「德行」的用法：

㈠族徽：

行。父辛。（行父辛觶〔西周早期，一一·六三〇五〕）

㈡行走之義：

弘魯昭王，廣能楚荊，唯寏南行。（史墻盤〔西周中期，一六·一〇一七五〕）

叔邦父作簠，用征用行。（叔邦父簠〔西周晚期，九·四五八〇〕）

文及數字指該字形所在的竹簡篇名及編號，以下不另注明。

[18] 許慎著，段玉裁注：《說文解字注》，二篇下，頁一八a。

[19] 〔晉〕郭璞注，〔宋〕邢昺疏：《爾雅注疏》（影印阮元校刻《十三經注疏附校勘記》本），卷五，頁六a。

[20] 毛亨傳，鄭玄箋，孔穎達等正義：《毛詩注疏》，卷一之三，頁七b。

㈢德行：

德行盛圵（妤蚉壺（戰國，一五・九七三四））

命其德嗇其行（中山王譻鼎（戰國，五・二八四〇））

《周禮・地官・師氏》「以三德教國子」，《注》：

德行，內外之稱，在心為德，施之為行。㉑

此用法在楚簡中被廣泛的使用：

不型（形）於內胃（謂）之行（《郭》，〈五行〉一）㉒

窮達以時，德行一也（《郭》，〈窮達以時〉一四）

「行」字用為「德行」之義，顯然與其「行走」義有密切關聯，人之有德，自可無礙的通行四方。因此，「行」字由大道而「行走」，然後又進一步的引申出人的規範法則「德行」之義。

㉑ 鄭玄注，賈公彥疏：《周禮注疏》，卷一四，頁二b。

㉒ 書名簡稱《郭》指荊門市博物館編：《郭店楚墓竹簡》（北京：文物出版社，一九九八年），書名簡稱後的中文及數字指該字形所在的竹簡篇名及編號，以下不另注明。

三、「行」字的音義分析

龔煌城先生認為下列漢藏語詞彙同源：

漢語上古音「胻」*grangs "shinbone"　「行」*grang "walk, go"

古藏語 krang-nge "standing"　rkang-pa "foot, leg, hind-foot"㉓

徐芳敏曾就「行」字提供我們一段簡短的分析，其中引楊光榮《藏語漢語同源詞研究》「有什麼樣的工具，便有什麼樣的行為」之說，認為龔先生列舉的同源關係若依此模式類推，則漢藏語語料似乎表示此同源詞族本指脛骨（shinbone）或足、腿、後腳（foot, leg, hind-foot），脛骨或足、腿、後腳作工具，就有站立（standing）意義、及古漢語習見（walk, go）意義。㉔由於漢語「行」常用於「行走」或其諸引申義，漢語又造出「胻」，專指脛骨（shinbone）。

㉓ 龔煌城："The System of Finals in Proto-Sino-Tibetan," 收入龔煌城：《漢藏語研究論文集》（臺北：中央研究院語言學研究所籌備處，二〇〇二年），頁一〇九。

㉔ 徐芳敏：〈漢藏語系「行」同源詞及漢語「行」上古音〉（國立臺灣大學東亞文明研究中心「語文與經典詮釋研究計畫」研討會論文，二〇〇三年八月二二日）頁一引楊光榮之說，參楊光榮：《藏語漢語同源詞研究——一種新型的、中西合璧的歷史比較語言學》（北京：民族出版社，二〇〇〇年），頁一三〇。

此一看法提醒我們「行走」義也有可能來自「胻」。《說文》曰「胻，脛耑也」，「脛，胻也」。段《注》指出：「言脛則統胻，言胻不統脛。」換言之，「胻」、「脛」所指雖略有不同，其實可以不別。在語音上，「胻」、「脛」聲同，韻部分屬陽、耕，上古旁轉。或許正因音義俱近，「胻」後來少用，凡指膝踝之間，都用「脛」字。

與「行」有關的語詞輾轉引申，又以音別義，見於《廣韻》的共有四種音義記錄：

唐韻胡郎切「伍也、列也」㉕
庚韻戶庚切「行步也、適也、往也、去也」㉖
宕韻下浪切「次第」㉗
映韻下更切「景迹。又事也、言也」㉘

《廣韻》四組音義之間具有構詞上的關係，每一種讀音也可能有相近的不同的語義用法。根據語義發展的邏輯性來看，抽象的用法多半晚於具體的用法，偏於某種獨特文化的用法多

㉕〔宋〕陳彭年等重修：《校正宋本廣韻》（臺北：藝文印書館，一九八一年影印澤存堂藏版），卷二，頁二六b。
㉖同前註，頁二九a。
㉗同前註，卷四，頁四五a。
㉘同前註，卷四，頁四六a。

半晚於一般的用法。配合這樣的認識，再根據《經典釋文》音注所可能透露的訊息，我們可以推測四組音義發展的先後關係。

四組音義之中，二等平聲（行走之行）和二等去聲（言行之行）具有四聲別義的構詞關係。由語義發展的邏輯性來看，動詞行走義較之名詞言行義，言行義是抽象的用法，在語詞的發展上可能晚於動詞義。

《經典釋文》對二等平聲讀均不注音注，對二等去聲讀則注音注。例如《論語．公冶長》「道不行，乘桴浮于海」的動詞「行」，陸德明未注音切，讀如字；同篇「始吾於人也，聽其言而信其行」的名詞「行」，陸德明注為去聲「下孟反」。㉙這可能因為陸德明認為二等平聲讀是語義發展之始，二等去聲讀是語義變化的一種新增音讀，因此後者讀破，前者讀如字。這種音注材料透露了陸德明對「行」字音義先後關係的看法。如果這個看法符合語言事實，我們便可以說「行」的二等平聲動詞義在前，二等去聲名詞義在後。

《經典釋文》的讀如字或讀破代表的是陸德明對語詞音義發展先後的看法，它是否果然反映語言中音義的先後關係，恐怕是可以進一步探討的問題。

四組音義之中，二等平聲和一等平聲（行列之行）之間也具有構詞的關係。從語義發展的關

㉙ 陸德明：《經典釋文》，卷二四〈論語音義〉，頁五b。

係來看，行走所在便是廁身所在，即行列之義，因此可以說二等平聲讀在先，一等平聲讀在後，由二等平聲讀發展而來。

《詩．大東》「佻佻公子，行彼周行」，鄭《箋》「周行，周之列位也」。㉚陸德明只為表行列的「周行」注音「戶郎反」，㉛動詞「行」則讀如字。同篇「有捄天畢，載施之行」，鄭《箋》：「則施於行列而已」，㉜陸德明音注同為「戶郎反」。㉝再如《詩．鹿鳴》：「人之好我，示我周行」，《毛傳》曰：「周，至。行，道也。」《正義》曰：「至美之道。」鄭《箋》云：「周行，周之列位也。好猶善也。人有以德善我者，我則置之於周之列位，言已維賢是用。」《正義》曰：「置之於官。」㉞《經典釋文》對毛、鄭之說給的音注是「行，毛如字，道也。鄭胡郎反，列位也（筆者按：一等平聲，表示行列）」。㉟於《詩經》諸多篇章之列位義，陸德明都讀一等平聲，於行道之義則讀如字。這表示陸德明認為行走或道路義是原本的語詞，因此讀如字；行列義是後起的語詞，因此在行走義的讀音之外，讀破為一等平聲讀。

㉚ 毛亨傳，鄭玄箋，孔穎達等正義：《毛詩注疏》，卷一三之一，頁八b。
㉛ 陸德明：《經典釋文》，卷六〈毛詩音義中〉，頁二六a。
㉜ 毛亨傳，鄭玄箋，孔穎達等正義：《毛詩注疏》，卷一三之一，頁一二b—一三a。
㉝ 陸德明：《經典釋文》，卷六〈毛詩音義中〉，頁二六a。
㉞ 毛亨傳，鄭玄箋，孔穎達等正義：《毛詩注疏》，卷九之二，頁二b—三b。
㉟ 陸德明：《經典釋文》，卷六〈毛詩音義中〉，頁九a。

四組音義之中，一等平聲（行列之行）和一等去聲（排行之行）之間也具有構詞的關係。這兩者的差異不在詞性，一等平聲讀表示行列，一等去聲讀表示排行次第。《詩經》「周行」一語鄭《箋》解為周之列位，《經典釋文》讀一等平聲；《漢書．蘇武傳》：「漢天子，我丈人行也。」顏師古注曰：「丈人，尊老之稱。行，音胡浪反。」[36]「行」讀一等去聲，表示排行次第。去聲讀和平聲讀兩者語義相近而有聲調之異，去聲讀當是為排行次第之義所作的區別。換言之，去聲讀是平聲讀特化的表現，由行列特化為人物的排行。

「行」在甲骨文象十字路形，而《說文》分析為會意字，認為本義是「人之步趨也」。行走義與道路義在陸德明音注中同為二等平聲讀：在《詩．行露》「厭浥行露」、「謂行多露」中，「行」為道路之義，[37]陸德明讀如字，與行走義音讀無異。又如〈七月〉「遵彼微行」，《毛傳》曰「微行，牆下徑也」，[38]陸德明也讀如字，與行走義同音。承此而下，《廣韻》在二等平聲讀之下只記錄行走義，道路義不見於任何一讀之下。陸德明沒有在行走義與道路義上以音別義，《廣韻》甚至沒有記錄道路義，這可能是一詞而兼有動詞名詞兩種性質的緣故。

古漢語常見一詞而兼具動詞名詞兩種詞性，所謂兼類。如「記」既是動詞記錄義，也是記錄

---

[36] 班固：《漢書》，卷五四，頁二四六〇。

[37] 《毛傳》：「行，道也。」毛亨傳，鄭玄箋，孔穎達等正義：《毛詩注疏》，卷一之四，頁一〇a。

[38] 毛亨傳，鄭玄箋，孔穎達等正義：《毛詩注疏》，卷八之一，頁一一b。

所成之物；「書」既是動詞書寫義，也是書寫所成之物；「事」既是動詞從事義，也是所從事之事；「命」既是動詞使令義，也是使令的內容；「患」既是動詞憂慮義，也是憂慮的內容。這種具兼類的詞，動詞義和名詞義讀音相同，韻書在釋義上也往往不細分詞性之異，例如《廣韻》「記」下只說「記，志也。《說文》：『疏也。』（筆者按：段《注》：『謂分疏而識之也。』）」❸❾準此來看「行」的個案，《廣韻》沒有收錄道路義也就不奇怪了。

如果「行」的行走義和道路義屬兼類的關係，這可以說明為何語言上不以音別義，也可以說明為何詞書沒有在釋義上作區別，因為它們只是因句法功能不同而或為動詞，或為名詞。現在的問題是：從語言發生的過程來看，這個「行」是動詞行走義發生在先，而後因不同的句法功能而產生兼類的名詞道路義？或是名詞道路義發生在先，而後因不同的句法功能而產生兼類的動詞行走義？

我們可以從事物發展的道理來作合理的推測：道路在今天來說，可能是先開發而後提供人行走，但在古代來說，恐怕是人行走後才形成道路。《莊子．齊物論》說「道行之而成，物謂之而然」，行走於人來說是生理活動的一部分，而行走之跡自然形成為道路。換言之，可能是行走義在先，道路義在後。

---

❸❾ 陳彭年等重修：《校正宋本廣韻》，卷四，頁一〇b。

一般來說，語言總是先於文字。從語言的發生來看，雖然行走義在先，但是在寫定為文字的時候，與行走義具兼類關係的名詞道路義卻因具象而比較容易表現。甲骨文寧取道路之形，動詞行走義便只好藉道路之形來表現；這種一形而兼有動詞名詞兩義的現象，從兼類的「記」、「書」等詞來看，其實是順理成章的。

根據以上的分析，我們大體可以為這四種音義排出先後關係：二等平聲的行步義最早，由此產生去聲的言行義；行步義又產生一等的行列義；一等平聲的行列義又產生去聲的排行次第義。每一個構詞的變化在語音上都只牽涉到聲調或等第其中之一，符合利用音近關係構詞的原則。語義的變化則或是表現為詞性改變，或是表現為語義特化，都在語義發展引申合理的範圍之內。以下試用圖表的方法表示：

行走之行（二等平聲）
→ 行列之行（一等平聲）→ 排行之行（一等去聲）
→ 行道之行（二等平聲）
→ 言行之行（二等去聲）

此外，一音之中，語義也還有引申的空間，例如同為二等平聲讀便有不只一種用法；而行走義在古代發展出表示五行的用法，其蘊含的哲學思想具有重要的文化意義（詳下文）。至於可能為行走義來源的「胻」，則另加了義符「肉」；又因音近義近，不敵「脛」字而專以「脛」行。

語音的分析如上。「五行」字可以讀二等平聲或二等去聲，前者指金、木、水、火、土五種宇宙的主要原素、物質和力量；後者指仁、義、禮、智、信五種道德行為。

四、「行」字的語法分析

語法分析的目的，是通過成分組合關係，釐析觀念字涵括之義項彼此間的關聯性。戰國「行」字是多義字，在它眾多的義項中，適合從語法角度解說的有以下四組：

(1) 行走(V)／道路(N)
(2) 實踐(V)／德行(N)[40]
(3) 運行(V)／軌跡、規律(N)
(4) 施行(V)／作為(N)

圓括弧內數字代表出現時間先後，是依照古文字與古文獻材料所顯示的證據排序。大寫英文

[40] 這裡暫且以「德行」稱說與「實踐」相配對的名詞。我們對「德行」一詞有所保留，是「德行」似乎兼有「內蘊」、「外顯」兩方面的意思，而與「實踐」配對的名詞應重在「外顯」方面。不過在我們找到更適當的說辭替換之前，權且沿用「德行」。

字母代表詞性，N 是名詞，V 是動詞。橫向而言，名詞和動詞配對整齊，是戰國語言的常例。[41]縱向比較，動詞的引申理路似乎比名詞之間更為清晰。舉例來說，「道路」和「德行」之間不必然有意義聯繫，而「（在道路上）行走」和「（在準則上）實踐」卻明顯是可類比的概念。

下面的用例略示「行」字四個動詞義項的語法組合關係，圓括弧內是可有可無的非必要成分。

(1) 行走：位移主體＋行（＋處所）

賓少進，主人以賓三揖，皆行。（《儀禮・鄉射禮》）

莊子行於山中，見木甚美，長大，枝葉盛茂，伐木者止其旁而不取也。（《莊子・山木》）

(2) 實踐：實踐者＋行＋準則[42]

君子行此四德者，故曰乾元亨利貞。（《周易》「乾」《文言傳》）

身不行道，不行於妻子。（《孟子・盡心下》）

---

[41] 這種配對無論有沒有形態標記，總之是反映概念上的轉化關係，是把「動態過程」視同「靜態實體」的一種自然的意義轉化。

[42] 其實「準則」並非功能術語，正式的術語是「準處所」，即功能相當於處所的成分。不過「準則」是專門搭配「實踐」義項的準處所，直接採用這個名稱，有利於行文簡潔。

(3) 運行：自然現象＋行（＋處所／準處所）

當堯之時，水逆行，氾濫於中國。（《孟子．滕文公下》）

天德而出寧，日月照而四時行，若晝夜之有經，雲行而雨施矣。（《莊子．天道》）

風行天上，小畜。（《周易》「小畜」《象傳》）

是故鬼神守其幽，日月星辰行其紀。（《莊子．天運》）

(4) 施行：施行者＋行＋手段

若大人行淫暴於國家，進而諫，則謂之不遜，因左右而獻諫，則謂之言議。此君子之所疑惑也。（《墨子．公孟》）

上德不厚而行武，非道也。（《韓非子．五蠹》）

故案其功而行賞，案其罪而行罰。（《管子．明法解》）

有兩種常見的引申原則，即「隱喻延伸」（metaphorical extension）和「重新解釋」（reinterpretation）。(1)引申出(2)、(1)引申出(3)是出於隱喻延伸，(2)引申出(4)涉及重新解釋。無論是隱喻延伸或是重新解釋，衍生的義項和它的來源義項之間都會形成「可類比」的關係。然而類比關係出現，未必表示又發生新的引申。

首先看(1)「行走」和(2)「實踐」。它們的組合成分之中，都有「行為者」和「行為場域」；

「行為者」、「行為」、「場域」構成關係一致，差別只在具體或抽象的程度。基於概念的相似性而形成類比關係，以「具體」表達「抽象」，這是自然語言普遍存在的隱喻延伸。

其次，「實踐準則/在準則上實踐」的行為模式和「自然現象依循著相同的軌跡運行」是可以類比的。但這個類比和引申無關，只關涉語言中既有兩套概念相互間的闡釋或發明。

何以不是引申？因為「實踐某種準則」涉及高度抽象的認知，而通過具體事物或現象來掌握抽象的認知，才是常理；反之，要把這麼抽象的概念拿來當作認識一個視覺可辨的自然現象的基礎，是違反常理。因此從(2)引申出(3)的不可能性遠大於可能性。

我們認為「天體運行」之「行」源自「行走」之「行」，引申發端於「眾人在道路上行走」和「日月星辰在固定的軌道上運行」是可類比的，因此「行」字字義就從「行走」延伸至「運行」。很可能是「運行」和「實踐」分別從「行走」引申出來，繼而彼此發生聯繫：「行走」既是它們共同的來源，也是聯繫的根本所在。

語法成分的組合限制或許可以佐證「行走」引申到「運行」的假設。「行走」之「行」要求「位移主體」共現，但不強制「處所」共現，是因為「處所」已隱含在「行走」概念之內；「運行」之「行」不強制「運行軌道或法則」的成分共現，也是因為「處所」概念已在「運行」之中。另一方面，「實踐」之「行」要求「實踐者」和「準則」兩個成分共現，有別於「行走」或「運行」。如果說語法格式的相似性某程度反映了語義上的投射關係，那麼，「運行」和「行走」

的距離就更加接近了。

再看「行走」到「運行」和「行走」到「實踐」兩種引申發生的時間。從現存各種資料來看，似乎「實踐」及其相配的「德行」出現時間早於「運行」及其相配的「軌跡」、「規律」。這也是我們標定號次的依據。然而現存用例出現先後是否真實反映「行」字義項衍生的次第，我們有所保留。

又(2)「實踐」和(4)「施行」表面上看不出淵源，但實際上是可能有衍生關係的。「實踐某種準則」換個說法就是「通過特定道理行事」。後者的措辭方式有助於分辨(2)到(4)的引申：「通過特定道理行事」可以類比為「採取特定手段行事」，一旦類比發生，新的義項「施行」就形成了。

試比較「君子行此四德者」的「行此四德」和「大人行淫暴於國家」的「行淫暴」。前者之「行」是順隨「此四德」，如同行人順隨道路而行。後者之「行」是「施行」，是順隨主體意志而行，「淫暴」是施行手段。引申的同時，成分間的語義關係也發生了變化。「實踐者」的主體意志力對於「行」的後接成分並沒有作用，亦即「君子」對於「此四德」沒有左右的力量。「施行者」的主體意志力直接支配「行」的後接成分，「淫暴」是「大人」意志力掌控下的作為。

換句話說，「通過特定道理行事」和「採取特定手段行事」之間的類比主要建立在組合成分關係的「重新解釋」上。「行」字來源，從最初欠缺支配關係（即前文所指「順隨主體意志而行」）發展到具有支配關係（即前文所指「主體意志力直接支配『行』的後接成分」）。這樣的發展，就語法分析的角度來說，意味「行」字字義發生了重大轉變。

五、傳世與出土文獻「行」字字義綜合分析[43]

㈠「行」字字義的源起：「行」字自然義、人生義的關係

楊秀芳從語言發生的角度論，認為「『行走義』在先，『道路義』在後」。從文化與文明進展的原理考慮，「道路」的確是「行之而成」，是人走出來的，所以就語言的發生而言，行走義的確應該在道路義之先；但就文字的制作而論，正如朱歧祥分析，「行」這個字，最初表達的是「道路」的形態與意思，這也是沒有疑問的。

考察最古老的幾部儒家經典，「行」字字義多非用語言或文字的「本義」，意義的衍伸非常豐富。所以單從「求本義」的角度去考求經典中的字義，恐怕是行不通的。《詩經》作品年代、地

[43] 承審查人提出本節多牽涉以「行」字構詞之相關「詞義」，與本文提出討論「字義」，二者之間容有出入。我們同意審查人的看法，但也願意強調字義和詞義之間也存在一種難以分割的關係，基本上，字義不是孤立的，也無法脫離成詞以後的運用獨立考察，因此系統性歸納詞義，足以考察字義的演變軌跡。當然，審查人提出這一點，有助於讀者注意字義詞義的同異之際。

域都有很大差異，「行」字出現很多，字義極豐富。如〈鄘風・載馳〉：「我行其野，芃芃其麥。」〈秦風・無衣〉：「脩我甲兵，與子偕行。」用的是「行走」義。〈豳風・七月〉：「女執懿筐，遵彼微行。」〈周南・卷耳〉：「嗟我懷人，寘彼周行。」「微行」、「周行」無疑都是「道路」義。

和「道路」義相近的另一義為「行列」，如〈鄭風・大叔于田〉：「兩服上襄，兩驂鴈行。」「鴈行」中的「行」字，表述的是「行列」和「次序」的意義。[44]「行列」的觀念，可能和「道路」、「行走」所展現的線性和軌跡性都有關係。

結合「行走」（動詞）和「道路」（名詞）兩義，又可進一步產生複合詞「行役」、「行道」、「行邁」等。〈魏風・陟岵〉：「嗟！予子行役。」[45]〈王風・黍離〉：「行邁靡靡，中心搖搖。」《毛傳》：「邁，行也。」鄭《箋》：「行，道也。道行，猶行道也。」[46]「行」是名詞，義為道路；「邁」是動詞，義為行走。根據鄭玄的解釋，「行邁」即「道行」；「道行」是倒詞，其義為「行道」。

「行走」是身體的動作，動作實施於外則為「施行」。如《尚書・康誥》「予惟不可不監，告

---

[44] 鄭《箋》：「鴈行者，言與中服相次序。」《正義》：「如鴈之行相次序也。」毛亨傳，鄭玄箋，孔穎達等正義：《毛詩注疏》，卷四之二，頁一一a。

[45] 《正義》：「嗟汝我子也。汝從軍行役在道之時，當早起夜寐，无得已止。」同前註，卷五之三，頁七b—八a。

[46] 同前註，卷四之二，頁一一a。

汝德之說，于罰之行」；47又或為「實行」、「遵行」，如《尚書‧洪範》「凡厥庶民，極之敷言，是訓是行，以近天子之光」。48

從「行走」的動作義和「行列」的軌跡義，結合起來則有形容洪水流竄的「行潦」一詞。《詩‧召南‧采蘋》：「于以采藻，于彼行潦。」《毛傳》：「行潦，流潦也。」49據《毛傳》的解釋，則「行」有泛流、流動的意思。流動也許沒有固定的軌跡，但所流經之處，自然也就產生了一條流水依循的「軌跡」。這樣，「行潦」一詞，也和前述「行」字的字義脈絡一致。

上述「行」字諸義，表達的是具象的事物（如道路）或行動（如行走），都離不開人類身體的活動。「行」字在西周初年的經典中有與「德」字連用的情形，或僅指為「行為」，如《尚書‧立政》：「迪知忱恂于九德之行。」又如〈皋陶謨〉中「都，亦行有九德」的「行」，也可能只是「行為」義，但如認為它也含有若干「德行」的意思，也不能說全無道理。50至於在《詩經》

---

47 偽《孔傳》即讀「行」為「施行」：「我惟不可不監視古義，告汝施德之說，於罰之所行。欲其勤德慎刑。」（舊題孔安國傳，孔穎達等正義：《尚書注疏》，卷一四，頁一二b）王引之《經義述聞》以《傳》釋為「施行」義為誤：「行，道也；言告汝德之說與罰之道也。《傳》曰：『告汝施德之說，於罰之所行。』失之。」（卷四，頁六b）雄按：王引之所說的「道」應該是抽象義的「道理」之意。

48 偽《孔傳》：「凡其眾民中心之所陳言，凡順是行之，則可以近益天子之光明。」同前註，卷一二，頁一四b。

49 毛亨傳，鄭玄箋，孔穎達等正義：《毛詩注疏》，卷一之四，頁四b。

50 又〈甘誓〉一般被認為文辭淺易，為晚出的作品。其中「威侮五行」的「五行」，可能是指的自然界的「五行」（金、木、

中，則很明顯地已有「德行」義的用法，如《詩・大雅・抑》：「有覺德行，四國順之。」〈小雅・車舝〉：「高山仰止，景行行止。」《毛傳》：「景，大也。」鄭《箋》：「景，明也。……古人有高德者，則慕仰之；有明行者，則而行之。」❺❶〈邶風・雄雉〉：「百爾君子，不知德行。」〈衛風・氓〉：「女也不爽，士貳其行。」值得注意的是，〈大雅〉的年代甚早，而「德行」二字已經連用。❺❷當然，「德」字也有單獨用的，如〈周頌・維天之命〉：「文王之德之純。」〈大雅・烝民〉：「民之秉彝，好是懿德。」可能為晚出的《古文尚書・旅獒》「不矜細行，終累大德」，以「大德」與「細行」對舉而言，❺❸「行」字本身其實也含有「德」的內涵，因為「細行」的累積，和「大德」有直接關聯。

當「行」字作為「行走義」運用時，「行走」必需邏輯思維引導，否則盲目亂走，必致迷途；「行」字作為「道路義」運用時，「行道」必須有固定而合理路線，否則道路無人遵循，最後

水、火、土），因後文「殆棄三正」的「三正」應該就是夏曆、殷曆和周曆，也是指的自然的秩序。

❺❶ 毛亨傳，鄭玄箋，孔穎達等正義：《毛詩注疏》，卷一四之二，頁一五—一六a。

❺❷ 《詩・大雅・抑》：「有覺德行，四國順之。」鄭玄《箋》：「有大德行，則天下順從其政。言在上所以倡道。」孔穎達《正義》：「行，下孟反。」同前註，卷一八之一，頁九a—b。

❺❸ 偽《孔傳》：「輕忽小物，積害毀大，故君子慎其微。」舊題孔安國傳，孔穎達等正義：《尚書注疏》，卷一三，頁四b—五a。

終將消失。54以此一自然環境的邏輯推論人生，則人類的行為亦頗相似：依循邏輯與德性的指引，自可展現高尚的價值，亦可以供後世遵行；否則倫常悖亂，無所不至。鄭《箋》所謂「有大德行，則天下順從其政」55即指此。毋怪乎西周初年詩人已將「行」字與「德」字結合，成為「德行」一詞，指涉合乎人類禮與理之矩矱與價值的行為。

總括而言，「行走」是形體行為，「德行」是心性行為，都與人類身體活動有關；而「道路」、「行列」是客觀事物環境，屬於自然義。它們雖然與「行」字的人生義各有指涉，但彼此又有相關性，都蘊涵了合乎邏輯、秩序、規律、理性的精神。

㈡《尚書・洪範》的「行」與「五行」

前引《尚書・康誥》「于罰之行」的「行」字，如依王引之《經義述聞》釋為「道」，那就是抽象的「道理」的意思。《尚書》雖然沒有用作「德行」義的「行」，但〈洪範〉「日月之行，則有冬有夏」56的「行」字，字義很明顯是抽象的，指日月運行的規律。這種「規律」的涵義，和

54 楊秀芳推論陸德明沒有在行走義與道路義上以音別義，《廣韻》甚至沒有記錄道路義，可能是一詞而兼有動詞（行走）名詞（道路）兩種性質的緣故。詳本文第三節。

55 毛亨傳，鄭玄箋，孔穎達等正義：《毛詩注疏》，卷一八之一，頁九b。

56 偽《孔傳》：「日月之行，冬夏各有常度；君臣政治，小大各有常法。」舊題孔安國傳，孔穎達等正義：《尚書注疏》，卷一二，頁二三b。

德行之「行」以及道路之「行」，同樣具有合乎條理的精神。至於〈洪範〉「五行」，更廣為學術界所討論。「初一、曰五行」句下：

一曰水，二曰火，三曰木，四曰金，五曰土。水曰潤下，火曰炎上，木曰曲直，金曰從革，土爰稼穡。潤下作鹹，炎上作苦，曲直作酸，從革作辛，稼穡作甘。57

此處之「五行」，看起來樸素而單純，就是金、木、水、火、土，但事實上它不能被孤立起來看。〈洪範〉這段文字應分為三節，第一節陳列「五行」後，第二節「水曰潤下」等五句，描述金、木、水、火、土的性質，第三節「潤下作鹹」五句，則引申說明金、木、水、火、土的氣味。氣味的不同，來自人類味覺、嗅覺感官的描述與判斷，暗示這五者最後亦將透過食物呼吸，讓自然之物與人類形體合而為一。因此這段話中「行」字的自然義，其實亦不能說只是單純的指五種元素，而是和人的形體生命有一種緊密對應關係之自然物。〈洪範〉後文益可證明「五行」之義不能單純理解為「五種元素」。「五行」之後為「五事」：

二、五事：一曰貌，二曰言，三曰視，四曰聽，五曰思。貌曰恭，言曰從，視曰明，聽曰聰，思曰睿。恭作肅，從作乂，明作哲，聰作謀，睿作聖。58

57 同前註，頁五b—六a。關於〈洪範〉的年代，學者頗有爭論。二十世紀早期學者傾向將此篇定為戰國晚期陰陽五行思想盛行後的作品，近年部分上古史學者則認為此篇屬於西周早期作品。

58 同前註，頁一七〇。

「五事」列於「五行」之後，與「五行」為對應。故孔穎達《疏》引伏生《五行傳》：

> 貌屬木，言屬金，視屬火，聽屬水，思屬土。㊾

「五行」之中，「土」的地位與「木、金、火、水」略有不同。《周易・繫辭傳》「是故易有太極，是生兩儀，兩儀生四象，四象生八卦」，孔穎達《正義》說：

> 四象者，謂金、木、水、火，稟天地而有，故云「兩儀生四象」。土則分王四季，又地中之別。故唯云四象也。㊿

又《禮記・月令》亦以「金、木、水、火」分主四季，春主木，夏主火，秋主金，冬主水，四季分述；唯「中央土」置於季夏之後。孔穎達《正義》解釋說：

> 夫四時五行，同是天地所生，而四時是氣，五行是物；氣是輕虛，所以麗天；物體質碍，所以屬地。四時係天，年有三百六十日，則春、夏、秋、冬各分居九十日。五行分配四時，布於三百六十日間，以木配春，以火配夏，以金配秋，以水配冬，以土則每時輒寄王十八日也。雖每分寄，而位本未宜處於季夏之末，金火之間，故在此陳之也。[61]

㊾ 同前註。

㊿ 王弼、韓康伯注，孔穎達等正義：《周易注疏》，卷七，頁二九a。

[61] 鄭玄注，孔穎達等正義：《禮記注疏》，卷一六，頁一三a。

孔穎達「土」分王於四季的解釋，是有根據的。若以「五行」與「五事」相對應，則「五曰思」、「思曰睿」、「睿作聖」，亦應與前四者（即「貌言視聽」）屬不同層次。故《經典釋文》注「思曰睿」的「睿」字云：

悅歲反。馬云：「通也。」62

孔穎達《正義》引王肅云：

睿，通也，思慮苦其不深，故必深思，使通於微也。63

又引鄭玄《周禮注》云：

聖，通而先識也。64

「思」是屬於「心」的活動，與五行之「土」有關，而以深思熟慮，通於幽微而先識。故「土」分王於四季，「思」、「通」則可藉由「心」貫徹人體一切活動。「五事」之中特別突顯最後的「思」，強調其「曰睿」、「睿作聖」。因此，「五行」觀念體系的詮釋，必須與「五事」，甚至後文

62 陸德明：《經典釋文》，卷四〈尚書音義下〉，頁三a。
63 舊題孔安國傳，孔穎達等正義：《尚書注疏》，卷一二，頁八b。
64 同前註。

的「庶徵」、「五福」等合觀。這一組觀念包含了自然事物與人類身體，既不能孤立地個別討論，也不能妄加區分。

〈洪範〉在「貌言視聽思」中特別將「貌、言、視、聽」「恭、從、明、聰」「肅、乂、哲、謀」和「思、睿、聖」區隔起來，分成兩個層次，與《郭店楚簡・五行》在「仁、義、禮、智、聖」中區分出「四行和」為人道以及「五行和」為天道，是一致的（詳下文）。這樣看，〈洪範〉的年代，應該與《郭店楚簡・五行》大致相同，既不會早到西周初年，也不會晚到戰國末年。

另一個不可忽略之處是：「五行」也有時間發展的意涵，因為「五行」發展為「五事」，從「五事」復推擴而有「庶徵」：

> 曰雨、曰暘、曰燠、曰寒、曰風。曰時，五者來備，各以其敘，庶草蕃廡。一極備，凶；一極無，凶。曰休徵：曰肅，時寒若；曰乂，時暘若；曰哲，時燠若；曰謀，時寒若；曰聖，時風若。曰咎徵：曰狂，恒雨若；曰僭，恒暘若；曰豫，恒燠若；曰急，恒寒若；曰蒙，恒風若。[65]

「五事」與「庶徵」的關係，就在於「肅、乂、哲、謀、聖」與「雨、暘、燠、寒、風」之間的關係。而「庶徵」對「休徵」與「咎徵」的分判，關鍵就在於「時」與「恒」兩個觀念，前者為

65 同前註，頁二〇b—二二b。

美善之證，後者為罪咎之徵。「雨、暘、燠、寒、風」強調了節奏性遞換的重要，這就是「時」觀念的主旨。《郭店楚簡．五行》也有「時行」的觀念，強調的也是「時」。五行、庶徵突顯的循環節奏的力量，與「行」字本身具有運動涵義，也有直接的關係。66

(三)《易經》的「行」與「中行」

《易經》（在此專指卦爻辭）中的「行」字，其實亦有抽象的含義。過去學者考證，或認為《易經》的「行」字皆指「道路」。這恐怕是囿於「行」字字形以為說。如上所述，字形本義僅表述了「行」字意義的一端，西周初年經典中的「行」字，字義至為複雜。從上文分析，我們幾乎可以確定，將所有出現在卦爻辭的「行」字都解釋為「道路」，是有很嚴重問題的。當然，傳本《易經》成書於西周初期，故《易經》中「行」字的用法，部分與《詩經》、《尚書．周書》一致，是必然的。67如用為「行走」義，「明夷」初九爻辭「君子于行，三日不食」，「夬」九三爻

66 關於古代經典中運用數字以將天地萬物分類的思想，請參拙著：〈中國古代形上學中數字觀念的發展〉，《臺灣東亞文明研究學刊》（臺北：臺大東亞文明研究中心）第二卷第二期（二〇〇五年十二月），頁一三七—一七四。又收入吳展良主編：《東亞經典近世世界觀的形成》（臺北：臺灣大學出版中心，二〇〇七年），頁三五—八四。

67 如「姤」九三爻辭「臀无膚，其行次且。厲，无大咎」即用「行走」義。《象傳》：「其行次且，行未牽也。」王弼《注》：「居不獲安，行无其應，不能牽據以固所處，故曰『臀无膚，其行次且』也。」王弼、韓康伯注，孔穎達等正義：《周易注疏》，卷五，頁五b。

辭「君子夬夬獨行」，「艮」卦辭「行其庭，不見其人」皆是。「謙」、「豫」二卦均有的「行師」一詞，「行」亦為動詞。68

唯「損」六三爻辭：「三人行，則損一人；一人行，則得其友。」這裡的「行」字，雖亦為「行走」義，但爻辭實以「人」作為爻的喻象，表達「益則反損，損則反益」的道理，因此以「三人行」與「一人行」對舉，顯然已引申及於「人」或「爻」的「共處」或者「行為一致」的意義。又「无妄」上九爻辭「无妄，行有眚，无攸利」。占卜的結果，顯然為靜則吉、動則凶，故此「行」字應為「行動」、「施行」義。這兩個「行」字都不是指具體的動作，而是一種抽象意義的行動，與「行役」、「行師」之「行」，是不同的。於此可見，《易經》雖可用為占卜，亦必涉及人生行為的準則問題。而在上古文字不多、書寫不易的情況下，卦爻辭利用語文演繹表述廣泛的哲理，自不得不從具體的涵義，引申出抽象的意義。如「震」六三爻辭：「震行无眚」，此處「行」字，也不是具體的行走、行動的意義，而是抽象的作用、施行之義。69

更顯著的例子是常見於卦爻辭的「中行」。「中行」一詞，屈萬里解釋為「中路」、「中

---

68 「謙」上六爻辭：「鳴謙，利用行師，征邑國。」「豫」卦辭：「利建侯、行師。」

69 王弼《注》此句云：「无乘剛之逆，故可以懼行而无眚也。」（王弼、韓康伯注，孔穎達等正義：《周易注疏》，卷五，頁二五a）雄按：懼行即戒懼而行之意。

道」，[70]將「行」字解釋為具體的「道路」。這應該是屈先生以甲骨文、金文、《詩》、《書》語義互釋為基礎，也可以說是一種實證的解釋。不過就《易經》的義理體系而言，「中行」同時也蘊涵另一種抽象意義，指的是居於中位、或行於中位之意。

在《易經》卦爻辭中，「中行」一詞出現過五次：

1.「泰」九二爻辭：「包荒，用馮河，不遐遺。朋亡，得尚于中行。」
2.「復」六四爻辭：「中行獨復。」
3.「益」六三爻辭：「益之，用凶事，无咎。有孚中行，告公用圭。」[71]
4.「益」六四爻辭：「中行，告公從，利用為依遷國。」
5.「夬」九五爻辭：「莧陸夬夬，中行，无咎。」

「中行」原指爻位居中。這個「中」的意思有兩類：就重卦的觀念而言，「中」指二爻和五爻；就一卦整體而言，「中」指三、四爻。這五個例子中，第二條「中行獨復」明顯地有著爻位的依據，因「復」卦一陽居下、五陰居上，六四之上與之下，均有兩個陰爻，一方面居於四陰爻之

---

[70] 屈萬里《周易集釋初稿》釋「益」六三爻辭「中行告公用圭」及六四爻辭「中行，告公從」：「中行，中路也。」（頁二五八）又釋「夬」九五爻辭「中行无咎」：「中行即中道，道之中也。」（頁二六七）

[71] 王弼、朱熹均讀為「有孚中行，告公用圭」，高亨則讀為「有孚，中行告公用圭」（高亨：《周易古經今注》重訂本，卷三，頁二八〇）。

中，同時也以「四」位與「初」位陰陽相應。因此此處所稱「中行」，應與爻位有關。[72]「有孚中行」，如「孚」釋為孚信，則「中行」釋為「道中」或「路中」，都很難解釋得通順。[73]

從上下文辭義的發展看，第五條若依王夫之釋「莧」為「莧」，[74]將此句解釋為山羊在路中夬夬奔走，則「中行」可以釋為「道路之中」；但如果將第一條解釋為「得尚於道路之中」，第二條解釋為「道路之中獨復」，第三條解釋為「在道路之中有孚」，第四條解釋為「道路之中告

---

72 王弼《注》「中行獨復」：「四上下各有二陰，而處厥中，履得其位而應於初，獨得所復，順道而反，物莫之犯。故曰『中行獨復』也。」（王弼、韓康伯注，孔穎達等正義：《周易注疏》，卷三，頁二一ａ）「處厥中」就是「處其中」之意。如依王弼的解釋，「中行」的「行」字是靜態的「居處」義。朱熹《周易本義》亦作此解：「四處群陰之中，而獨與初應，為與眾俱行，而獨能從善之象。」（頁一一一）

73 「益」卦三爻、四爻皆繫以「中行」，朱熹《周易本義》提出了解釋：「三、四皆不得中，故皆以中行為戒。此言以益下為心，而合於中行，則告公而見從矣。」（頁一六五）依朱熹的意思，三、四爻都不屬於「中」，但「益」卦三四爻以中為說，是以「中行」之義，以自我警惕的意思。

74 王夫之《周易稗疏》：「莧字當从『卝』而不从『艸』，音胡官反，山羊細角者也。」（無求備齋《易經集成》，第一三〇冊，卷二，頁三ｂ）並參周振甫：《周易譯注》，頁一五二。王弼注「莧陸夬夬，中行，无咎」說：「夬之為義，以剛決柔，以君子除小人者也。而五處尊位，最比小人，躬自決者也。以至尊而敵至賤，雖其克勝，未足多也。處中而行，足以免咎而已，未足光也。」（王弼、韓康伯注，孔穎達等正義：《周易注疏》，卷五，頁三ｂ）「夬」卦一陰爻（上六）五陽爻，是所謂「剛決柔」（《彖傳》語）之卦，陽爻象君子，陰爻象小人，故王弼釋為「君子除小人」。倘依王弼的解釋，九五接近上六，處中而行則足以免咎。這樣解釋，「中行」不是「道之中」，而是居中而行的意思。

公」，似乎都很難講得通。如果考慮卦爻辭的確處處反映爻位的事實，並將全部五條聯合起來考察，那就很難說「中行」一詞與爻位全無關係了。

就卦爻辭的辭義而論，將上述五個辭例的「中行」都解釋為「中路」、「中道」或「道路之中」，既沒有考慮上下文辭義的發展，也沒有考慮經文蘊含抽象義理的可能性，更沒有考慮後儒的解釋，[75]恐怕是過度囿於「行」字字形而採「道路」之義。這樣截斷眾流的詮解方式，其實是相當勉強的。

「中行」的詞義顯然不能只解釋為「中路」或「道路之中」。考慮前引《尚書・康誥》「于罰之行」的「行」字，王引之《經義述聞》釋為「道」；〈洪範〉「日月之行，則有冬有夏」，「行」字義為常度或軌跡，那麼「中行」二字，應該具有抽象的含義，既指君子遵行中道的行為，也同

---

75 如「泰」九二爻辭：「包荒，用馮河，不遐遺。朋亡，得尚于中行。」王弼《注》稱：「體健居中而用乎泰，能包含荒穢，受納『馮河』者也。用心弘大，无所遐棄，故曰『不遐遺』也。无私无偏，存乎光大，故曰『朋亡』也。如此，乃可以『得尚于中行』。尚，尤配也。中行，謂五。」（王弼、韓康伯注，孔穎達等正義：《周易注疏》，卷二，頁二一b）雄按：《經典釋文》「荒」：「鄭讀為『康』，云『虛』也。」（陸德明：《經典釋文》，卷二〈周易音義〉，頁六a）王弼解釋「荒」為「荒穢」，與鄭玄釋「荒」為「虛」不同。孔穎達《疏》解釋王弼的意思，說：「得尚於中行者，中行謂六五也。處中而行，以九二所為如此，尚，配也，得配六五之中也。」據孔穎達的解釋，六五處於外卦的中爻，以陰爻而居於尊位卻能施行，這是因為得到二爻（陽爻）相配的緣故。

時指某一爻施行於「中」位的情態。76

總結來說，《易經》的「行」字，有時是用具體的意義，如道路、行走；有時則用抽象的意義，如行動、施行。《易經》「行」字取義與《詩經》、《尚書》略有不同，和它的變動哲學，且多涉及抽象之人生與自然之理，有直接關係。

㈣《易傳》「行」字意義系統

《易傳》中的「行」字或含有「行」字的詞語很多，如「志行」、「吉行」、「上行」、「大行」、「行有尚」、「時行」等。除了用作一般「行走」義外，77其中有的直接指述爻位，如「志行」指陽爻居於陰爻之上；有的指爻的性質如吉凶之類；有的為動詞，也有的為名詞。茲將各種意義加以區分臚列如下：

---

76 屈先生釋「中行」為「中道」即「道之中」。其實「中道」一詞，亦未必是具體的道路之中之意。如《象傳》為早期解「經」之傳，如「夬」卦九二《象傳》稱：「有戎勿恤，得中道也。」「得中道也」一句，是對於爻辭「有戎勿恤」的解釋，即獲得適合的處事方法。我們再考慮爻辭通例，辭義與爻位有相應的關係，則「中道」又顯然和「九二」的以陽居中位有關。孔穎達解釋說：「得中道者，決事而得中道，故不以有戎為憂，故云得中道也。」（王弼、韓康伯注，孔穎達等正義：《周易注疏》，卷五，頁二b）應該是以尚中之原則施行之意。羅福頤主編：《古璽彙編》（北京：文物出版社，一九八一年）編號四五〇二—四五一〇收錄先秦「中行」璽（頁四一一），可見「中行」為先秦用語，應非「大道」、「中路」之意，或可與本文論證卦爻辭「中行」一詞互參。

77 《繫辭上傳》：「故不疾而速，不行而至。」這裡的「行」字義即「行走」。

1. 軌跡

這一類「行」字多與「天」字合用，用為「天道」即天體軌跡之義。如「乾」《象》：「天行健，君子以自強不息。」又「蠱」《象》「終則有始，天行也。」「剝」《象》：「君子尚消息盈虛，天行也。」「復」《象》「反復其道，七日來復，天行也。」王弼《注》：「以天之行，反覆不過七日，復之不可遠也。」[78]王引之《經義述聞》卷二曰：

> 《爾雅》：「行，道也」；天行，謂天道也。……古人謂天道為天行也。天行健，地勢坤，相對為文，言天之為道也健，地之為勢也順耳。[79]

天行即天道，亦即「乾」《象傳》「乾道變化，各正性命」的「乾道」。這個「行」字被釋為「道」，其實是「道路」字的抽象化意義（地面的道路可見可循，「天道」則可知而不可見），和具體的道路不同。

2. 運行

「運行」義可能是從天道、軌跡之義發展出來，其詞性為動詞。如「復」《象》「動而以順

---

[78] 王弼、韓康伯注，孔穎達等正義：《周易注疏》，卷三，頁一九a。按：「覆」字，《周易注疏校勘記》謂：「岳本、閩監毛本『覆』作『復』。」（卷三，頁六b）

[79] 王引之：《經義述聞》，卷二，頁六a。

行。」「損」《彖》：「損益盈虛，與時偕行。」「大畜」上九《象》曰：「何天之衢，道大行也。」又「坤」《文言傳》：「承天而時行。」「承天」意指「坤」居「乾」後，「時行」即「與時偕行」之意。又《繫辭上傳》「天地設位而易行乎其中矣」，「行」亦運行之義。唯《繫辭上傳》又有「凡天地之數五十有五，此所以成變化而行鬼神也」，此「行」字為及物動詞。

3. 推行

《繫辭上傳》：「推而行之謂之通，舉而錯之天下之民謂之事業。」此「行」字亦為及物動詞，但沒有「運行」義而有「施行」義，即推動施行之意，與下文「行其典禮」同。

4. 行為、實踐

「乾」《文言傳》：「日可見之行……行而未成。」前一「行」字為名詞，後一為動詞。《繫辭上傳》：「行發乎邇，見乎遠。言行，君子之樞機。」又《序卦傳》：「有信者必行之，故受之以小過。」此「行」字為實踐之意。

5. 德行

「節」《彖》：「君子以制數度，議德行。」又「小過」《象》：「君子以行過乎恭，喪過乎哀，用過乎儉。」「行過乎恭」之「行」係德行義，意指君子應重德行，唯不應過於恭敬。

6. 發展

《象傳》中常見的「志行」一詞，專指陽爻居陰爻之上。《易》道主剛，故陽乘陰，而有志向得以抒發之意。如「豫」九四《象》：「由豫，大有得，志大行也。」即志向得以舒展之義。「鼎」《彖》「柔進而上行」，「鼎」卦上離下巽，離象為火，巽一陰二陽為長女，性柔；又火炎上，故稱有柔而向上發展之義。「震」六五爻辭「震往來厲」，《象》：「震往來厲，危行也。」此「行」字應是發展之意。「損」《彖》：「損，損下益上，其道上行。」這個「行」字也是發展之義，即其道向上發展。[80]又《繫辭上傳》：「知周乎萬物而道濟天下，故不過，旁行而不流。」「旁」疑即普遍之義，「旁行」即普遍周流。

7. 當行

「益」《彖》：「利涉大川，木道乃行。」「益」上巽下震，巽有「木」之象，「益」卦辭「利涉大川」，主要就是上體為「巽」之故，故稱木道乃行。這「行」字是當行之義，亦即客觀條件充足，事勢得以順利發展為主流之意。又「節」《彖》：「說以行險。」「節」上坎下兌，兌有悅懌

[80] 王弼《注》：「艮為陽，兌為陰；凡陰，順於陽者也。陽止於上，陰說而順，『損下益上』，『上行』之義也。」（王弼、韓康伯注，孔穎達等正義：《周易注疏》，卷四，頁二六b）可見「損」卦「上行」，是下體「兌」柔順而止於上體「艮」之義。

之義，坎有危險之義，故稱「說以行險」，不是說行為上的涉險，而是以喜悅的態度應付危險。又《易傳》中有「貴行」一詞，如「歸妹」六五：「帝乙歸妹，其君之袂，不如其娣之袂良。月幾望，吉。」《象》曰：「『帝乙歸妹，不如其娣之袂良』也。其位在中，以貴行也。」王弼解釋「貴行」為「位在乎中，以貴而行」，[81]則「行」亦宜釋為「當行」。

(五)《郭店楚簡．五行》的「行」與「五行」[82]

《郭店楚簡．五行》，學者均視為儒家思想的產物，殆無疑問。第1-5簡亦暢論「五行」：

仁形於內謂之德之行，不形於內謂之行。義形於內謂之德之行，不形於內謂之行。禮形於內謂之德之行，不形於內謂之行。智形於內謂之德之行，不形於內謂之行。聖形於內謂之德之行，不形於內謂之行。德之行五，和謂之德；四行和，謂之善。善，人道也；德，天道也。君子無中心之憂則無中心之智，無中心之智則無中心。[83]

以上《五行》第一——五簡的文字，值得我們注意的有四方面：

---

[81] 王弼、韓康伯注，孔穎達等正義：《周易注疏》，卷五，頁三四a。

[82] 馬王堆帛書亦有〈五行〉篇，因屬於漢代出土文獻，我擬與《白虎通義》、《漢書．五行志》等漢代文獻整合研究，撰寫另一篇關於數字觀念的論文。故帛書〈五行〉在本篇中暫時略去不討論。

[83] 劉釗：《郭店楚簡校釋》，頁六九。

第一、以「內、外」來區分「行」與「德之行」：《郭店楚簡》以前，[84]儒家似未特別提揭「內外」的課題。當然，這不代表孔子沒有「內外」的觀念，孔子提到「見不賢而內自省也」（〈里仁〉）、「吾未能見其過而內自訟者也」（〈公冶長〉）、「內省不疚，夫何憂何懼」（〈顏淵〉），無論是「內自訟」或「內省」，都相當明顯地透露出孔子強調道德律則源出於內心。因此孔子論「禮」，不僅止於鐘鼓玉帛，尚有源於個人內心。「禮」行於外，「仁」則是個人的道德根源。但孔子釋「克己復禮，天下歸仁」，「禮」須藉「克己」而「復」，那就不能盡視為「外」；「仁」可推至「天下」皆「歸」，那就不能盡視為「內」。孔子顯然覺察到個人心性與天下彝倫內外一貫的重要性。但將「內外」對立起來而特別強調「內」的重要性，似肇始於思孟一派。《郭店楚簡·五行》中，「德之行」的層次當然高於「行」，是指源出於內心的道德行為。但據上文所論，「行」字本來就包括心性行為，〈五行〉卻將「仁、義、禮、智、聖」之「行」區分為兩層境界，「形於內」是「德」的境界，「不形於內」則只能說是顯露在外的「行」。用是否「形於內」來特加區分，這是一種新的詮解。再說，〈五行〉強調「德」境較「善」境為更高。這就要討論第二個課題。

第二、區分「四行和」與「五行和」：〈五行〉簡文說「仁、義、禮、智」「四行和」是「善」，是人道；四行再加上「聖」為「五行和」則是「德」，是天道。這樣講，「聖」這個概

[84] 郭店楚墓墓葬年代一般被定為西元前三百年前後，其中的楚簡的寫定年代亦應相同或稍早。

念，是五行中層次最高的，是天道抑或人道、德抑或善的判準。此一區分，與〈洪範〉五行、五事、庶徵將第五項觀念突顯出來視為另一個層次，不謀而合。

第三、君子「時行」：《郭店楚簡》第六、七簡「五行皆形於內而時行之，謂之君。[85]士有志於君子道，謂之志士」，強調「時行」觀念，與〈洪範〉「庶徵」強調「時」一致。「時行」也是《易傳》所恆言。首先，「時行」思想源出於變動的世界觀念。在變動的世界中，「仁、義、禮、智、聖」各種「德」並非一成不變地占有某種位置或比重，而應隨著內外環境各種條件的變易，主導出某種特殊的價值和效用。這種思想源自《易經》哲學。《易》以乾剛為主，即以日光為主，是指陽光恆常往返照射在南北半球所造成的氣候變遷。[86]天地變化永恆不息，天道有晴雨寒燠的變化，大地的飛潛動植也隨之而有動靜生滅的變異。從自然引申到人事，君子的行為當以天道為法則。故「坤」《文言傳》：「坤道其順乎，承天而時行。」乾道主變，坤道上承天道之變而變，「時行」則是一種恆久穩定的變化。「艮」《彖》：「艮，止也，時止則止，時行則行，動靜不失其時，其道光明。」「艮」義為「止」，原本並沒有「行」之義；但依照乾坤之道，陰陽恆常變換，並無永恆止息之事，故「艮止」之義，《彖傳》引申為「動靜不失其時」的「時止則止，時行則行」的精神，不但指自然之理，也指君子之道。又「遯」《彖》：「遯亨，遯而亨也。剛當位

---

[85] 劉釗補入「子」字，作「謂之君子」。參劉釗：《郭店楚簡校釋》，頁六九。

[86] 詳拙著：〈論易道主剛〉及〈從《太一生水》試論《乾．彖》所記兩種宇宙論〉。

而應，與時行也。」「遯」卦主要講的是遯逃，故外三爻為好遯、嘉遯、肥遯（即飛遯），引申指君子在不合於出世之時，宜於遯逃。故此處的「時行」以人文而非以自然為主。「小過」《彖》：「小過，小者過而亨也。過以利貞，與時行也。」「過」本身有錯過、過失之意，錯過、過失但能「利貞」，也是因為「時行」的緣故，就是說今天的「否極」，終將變為他日的「泰來」。可見《文言傳》與《彖傳》「時行」之義，人文義與自然義兼具。《郭店楚簡・五行》引申為「五行皆形於內而時行之」，強調君子應在不同的情境下，昭顯「仁、義、禮、智、聖」之德。此一「時行」觀念不但偏向於人文精神，也強調調和的精神（四行、五行都要「調和」），故〈五行〉云：

> 聞君子道，聰也。聞而知之，聖也。聖人知天道也。知而行之，義也；行之而時，德也；見賢人，明也；見而知之，智也；知而安之，仁也；安而敬之，禮也。

同樣重視「時行」，《易傳》兼綜自然與人文，〈五行〉則偏向人文一端。從現有的文獻考察，《易傳》與〈五行〉的「時行」觀念，都應是來自《易經》。

第四、「正行」、「簡行」：

「正行」[87]和「簡行」也標誌了《郭店楚簡》「五行」觀念以人文精

---

[87] 承審查人提示，羅福頤主編《古璽彙編》所收錄戰國「吉語箴言」成語璽，有「宜行」（四二七三—四二七五）、「有行」（四五五七）、「悊行」（四三一三—四三二〇）、「正行」（四三六四—四三七三）、「正行無私」（四七六三—四七九二）等古璽用語，認為有助於說明卦爻辭「中行」至楚簡「正行」等語言孳乳演化之跡，甚具參考價值。謹此致謝。

神為主的指標。第三三及三四簡說：

> 中心辯然而正行之，直也；直而遂之，肆也；肆而不畏強禦，果也。[88]

「正行」源於「中心」，意思是以正直的態度，實踐第一—五簡所說的「形於內」的「五行」。再詳細說下去，就是要「肆」而「果」，亦即「直而遂」和「不畏強禦」，這是態度的問題。接下來還有選擇原則的問題。第三七—三九簡說：

> 不簡，不行；不匿，不察於道。有大罪而大誅之，簡也；有小罪而赦之，匿也。有大罪而弗大誅也，不行也；有小罪而弗赦也，不察於道也。[89]

有大罪而大誅就是「行」、「簡」，有小罪而赦之（匿[90]）就是「察於道」。依據四〇、四一簡所述，「簡，義之方也；匿，仁之方也。剛，義之方；柔，仁之方」，[91]那麼「簡」是行義，為剛；「匿」是行仁，為柔。

研究者一般都同意〈五行〉篇所述，正是《荀子．非十二子》所說的子思、孟子所倡論的

---

[88] 劉釗：《郭店楚簡校釋》，頁七一。

[89] 同前註，頁七二。

[90] 雄按：應指隱匿小罪。

[91] 劉釗：《郭店楚簡校釋》，頁七二。

「五行」。《荀子・非十二子》說：

略法先王而不知其統，猶然材劇志大，聞見雜博，案往造舊說，謂之五行。甚僻違而無類，幽隱而無說，閉約而無解。案飾其辭而祇敬之，曰：「此真先君子之言也。」子思唱之，孟軻和之。世俗之溝猶瞀儒，嚾嚾然不知其所非也，遂受而傳之，以為仲尼、子弓為茲厚於後世，是則子思、孟軻之罪也。[92]

楊倞注：

五行，五常，仁義禮智信是也。[93]

如前文所述，用作自然規律意義的「行」（如〈洪範〉：「日月之行，則有冬有夏」）、用作道德律則意義的「行」（如《詩・大雅・抑》：「有覺德行，四國順之」）、用作道路意義的「行」（如〈周南・卷耳〉：「嗟我懷人，寘彼周行」）、用作行列意義的「行」（如〈鄭風・大叔于田〉：「兩服上襄，兩驂鴈行」），這幾層意義其實是密切相關的。它們都指向同一個目標，就是「合理」、「具有意義」、「可供遵循」。但歸納上述分析〈五行〉篇所突出的四點思想，我們可以確定其中「行」的字義，明顯往人事而非自然方面傾斜，與《易傳》人事與自然並重的「行」，略為不同。就其

[92] 王先謙撰：《荀子集解》，卷三，頁九四—九五。

[93] 同前註，頁九四。

內容而言，德性的「五行」是內在的，是一切外在行為的依據，它也是天所賦予，「五行」以「聖」為最高準則，同時又強調各種「行」的調和。這種「調和」並不是靜態而是動態的，須配合自然人事情境的變化，而強調「時」，它同時也具有某種原則性，君子要秉持「正行」，應該「匿」、「簡」，用不同的態度對待小罪（赦免）和大罪（大誅）。

六、「行」字哲理化的過程

綜上所述，「行」字在西周時期的文獻如《詩經》、《尚書》、《周易》卦爻辭中的意義，大致以行走、道路為核心，引申出德行的意義，再引申出行列、實踐等意義。其中《詩經》「行潦」一詞很有趣，含有流動、遍布的意味，與後來出現的「五行」所講述的宇宙自然結構的遍布與運行，有共通之處。而卦爻辭中的「中行」一詞，所表述的是抽象的爻位，有時是靜態的居處之義，有時則是動態的施行、作用之義，也已經離開了從具體「道路」義引申出來「行走」、「實踐」、「行為」等範疇，而帶有更多哲理的意味。

「行」字語言的本義為「行走」，不離人類的形體生命，「行走」所經之處成為「道路」。「道路」為人所遵行，若不依循，又或依循了錯誤的道路而行，可能會迷路，甚至無法到達目的地；只有遵行道路，由此至彼，始能達到目的。因此，即使是「道路」義的「行」字，其實亦涉及正確與不正確的問題，亦即涉及「對」、「錯」的價值判斷。因此，兼含「行走」與「道路」二義的「行」字，既和人體的行動和動作有關，也和價值的對錯有關。所以「行」字被用作「德行」的意思，絕非偶然。當然，我們可以說，「德行」的涵義較「行走」、「道路」或「行為」的涵義複雜。依文明的進展規律看，「德行」屬高層次之「行為」，而之所以與一般行為不同，主要是因其蘊含一種內在於生命的理性，促使人類從內心到外在行為都井然有序。但這種內蘊意義的來源，也脫離不了「行」字本身所蘊含價值判斷的理性精神。這種精神也和「日月之行」的自然規律義是一致的。所以「行」作為德行字去讀，是兼攝自然義與人文義的。

西周時期的幾種儒典，「行」字用法多途，意義豐富；但《論語》所記孔子言論，提到「行」這個概念時，多以「言」與「行」對舉，也就是以「語言」和「行為」對舉。如《論語．公冶長》：「今吾於人也，聽其言而觀其行。」《論語．為政》：「先行其言，而後從之。」思孟學派的思想家強調「五行」、「正行」、「時行」，亦重視言行一致。《禮記．中庸》：「言顧行，行顧言。」亦屬「言」、「行」對舉。其中「行」主要指「行為」、「行動」或「實行」。孔子顯然注意到，「言」與「行」不一致是人類常有的毛病，此所以對待別人，「聽其言」之後還要「觀其行」；對待自己，則要「先行其言，而後從之」。

「行」兼具行走、行為的意義和道路、行列等義，故其概念內涵，實同時包括了自然義與人文義。「五行」的概念，也包括了這兩個方向的意義，而產生了「金、木、水、火、土」（自然）

和「仁、義、禮、智、聖」（人文）兩方面的內涵。我們可以說，「五行」一詞的運用，一直在「人文義」與「自然義」之間往復穿梭。〈洪範〉「金、木、水、火、土」的「五行」，絕不能被理解為五種元素（five elements），因為本文歸納經典中的「行」字，不但不是靜態的，而且也不是單一意義的。用作名詞的，只有「道路」、「行為」、「德行」、「行列」等四種意義，而且從文義去考察，「初一、曰五行」一段文字所述「金、木、水、火、土」，包括性質與氣味；同時，它也與「五事」、「五福」等概念有密切的對應關係。自然界「金、木、水、火、土」運行和施行的作用，原本就與人類共同存在一個世界之中，更因為氣味、性質的不同效用，而與人類的形體生命發生關聯。

以〈洪範〉和《郭店楚簡》的「五行」相較，前者綜綰自然與人文較為明顯，自然一端突顯「金、木、水、火、土」，人文一端則強調「肅、乂、晢、謀、聖」，再而引申「雨、暘、燠、寒、風」，返回自然；後者則較傾向於以人文精神為主，論「天道」以「五行和」以及內在的「德」為基礎。先秦思想主流的共同特點，表達的是以個人為中心而展開的整體性的宇宙觀，「人」和「自然」是一個整體。行走（身體）、道路（環境）、德行（心性）、日月之行（自然）都離不開「行」，「五行」思想也突顯了一種天人合一的整體性結構。〈洪範〉「五行」固然未提出「相生相勝」的觀念，《郭店楚簡》「五行」僅提出「時行」觀念，亦沒有「相生相勝」的思想。但鑑於「行」字本身即有「行走」、「運行」的運動意義，具有時間的發展之涵義，故「五行」最後衍發出「相生相勝」理論（此理論亦以《易》陰陽往來的思想為基礎），也有其不得不然的理由。

後來《易傳》出現了「貴行」、「吉行」、「天行」、「志行」、「上行」等語詞，既觸及了天道、陰陽關係（「志行」為陽居陰上）、事理順逆（「上行」符合《易》卦自下而上發展所反映的「易，逆數也」的原理）等抽象的思維，又向形上學再跨出了一步。

接著，我們扼要地檢討一下思想史學者對「五行」的討論的若干盲點。徐復觀曾臚列二十世紀初年以降「五行」觀念的討論，可供參考。徐復觀說：

> 梁任公有〈陰陽五行說之來歷〉一文，其結論謂：「春秋戰國以前所謂陰陽五行，其語甚希見，其義甚平淡。且此二事從未嘗併為一談。諸經及孔老墨孟荀韓諸大哲，皆未嘗齒及。然則造此邪說以惑世誣民者誰耶？其始蓋起於燕齊方士；而其建設之，傳播之，宜負罪責者三人焉。曰鄒衍，曰董仲舒，曰劉向。」任公此文，雖內容疏略，但極富啟發性。[94]

---

[94] 後文又言：「以後欒調甫有〈梁任公五行說之商榷〉，及呂思勉有〈辨梁任公陰陽五行說之來歷〉兩文，對梁文提出不同的意見；惜二文均條理不清，不僅使任公所提出的問題，未得進一步的解決，且使人有越說越糊塗的感覺。齊思和在《北師大學報》四期上有〈五行說之起源〉一文，著眼與梁任公略同，而內容稍微具體。日人狩野直喜在其《中國思想史》中、瀧川資言在其《史記會注考證．五帝本紀》中，及現京都大學中國哲學研究室教授重澤俊一郎在其〈中國合理思維之成立〉一文中，對五行觀念之演變，均有很好的見解，惟皆語焉不詳。」參徐復觀：《中國人性論史．先秦篇》（臺北：臺灣

梁啟超與徐復觀對「五行」思想主觀而偏激的評論，對其後先秦思想史研究者影響極深遠。過去的研究者或認為「五行」學說原屬天文或地理之觀念，如顧頡剛認為「五行」最初含義為五星的運行；郭沫若認為「五行」是對於風雨、物候觀察的需要，由東、西、南、北四方加中央后土而成。[95]或認為源起於鄒衍，或認為「五行」是在宇宙萬物中化約出五種元素，是一種牽強附會而沒有價值的學說，如徐復觀認為《詩》、《書》均無「五行」的觀念，至《左傳》、《國語》始有，其義則「是構成萬物的五種基本原素，有同於印度佛教之所謂四大」，而且其觀念的運用主要是在五者的相互關係、亦即「相生相勝」的關係上，「以說明政治、社會、人生、自然各方面現象的變化」。徐氏說：

> 古人因手指為五，所以好以五為事物之定數；而六府（雄按：金、木、水、火、土、穀）中之穀，實為土所產生；因此六府亦去「穀」而稱為五材。[96]

徐氏認為人類依每手手指「五」之數去定事物之數，進而評定「五行」之說為「幼稚而不合理」，[97]卻沒有提出任何根據，顯然是出於臆測。張岱年則說：

商務印書館，一九六九年），附錄二〈陰陽五行及其有關文獻的研究〉，頁五〇九。

95 詳參夏乃儒主編：《中國哲學三百題》（上海：上海古籍出版社，一九九九年），頁四一九。

96 徐復觀：《中國人性論史．先秦篇》，頁五一九。

97 同前註，頁五一九。

五行之說，當即始於〈洪範〉。戰國末年言五行者甚多，對於一切，皆配以五行。如四方，北為水，南為火，東為木，西為金，中央為土。如四時，春德為木，夏火，秋金，冬水，中央土。鄒衍更以五行言人之歷史。所謂「五德轉移，治各有宜」。戰國及漢初人所講之五行學說，內容多牽強附會，繁瑣殊甚。自純哲學觀之，實並無多少價值。[98]

勞思光則認為：

此種思想（雄按：五行思想）承騶氏之說，……「五行」觀念，本可視為對宇宙萬物之元素之解釋。此種幼稚簡陋之宇宙論觀念，在西方及印度古代均有之，不足為奇，亦不足為病。但因加入一「天人關係」之觀念，一切人事均以「五行」為符號而論其盛衰演變，且引生預言吉凶之說，遂與古代卜筮合流；此則為擾亂思想界之大事。[99]

凡此可見近代思想史家對「五行」觀念的敵意如此。學者又或認為「五行」觀念原為發揮陰陽且增添循環概念，陳榮捷說：

陰陽的理論甚為簡樸，影響卻極為廣溥，任何領域的中國文化，不管是形上學、醫學、政治或藝術，皆無從逃避其感染。簡而言之，此種理論認為任何事物皆從陰陽這兩種原理導出。

[98] 張岱年：《中國哲學大綱》（北京：中國社會科學出版社，一九八二年），頁三〇。

[99] 勞思光：《新編中國哲學史》增訂版（二）（臺北：三民書局，一九八四年），頁一三。

陰為負、為靜、為弱、為毀；陽則為正、為動、為強、為成。此理論又與五行（原注：金、木、水、火、土）說息息相關，五行說原為發揮陰陽的概念，但事實上卻又增添了循環的概念進去，亦即增添了五行相勝相生說。[100]

又或如張豈之認為「五行」是以五種元素區分大地：

周卿士單說：「天六地五，數之常也。」（原注：《國語．周語》）認為天有陰、陽、風、雨、晦、明六種氣象，地有金、木、水、火、土五行，是自然界符合規律的現象。[101]

又或如葛兆光認為「五行」平行分析宇宙空間，再而產生循環輪轉的意味：

古代中國，至少在戰國之前，「五行」說就很流行。但是它多數是用於空間的平行分析，如以金木水火土為宇宙結構之基本元素，以五色五音五味甚至五臟、五官與之繫連等等。……在春秋後期以來，似乎逐漸滋生了一種循環輪轉的有時間意味的五行次序。

又說：

[100] 參陳榮捷著、楊儒賓等譯：《中國哲學文獻選編》（臺北：巨流出版社，一九九三年），上冊，第一一章〈陰陽家〉，頁三三五。

[101] 張豈之主編：《中國思想史》（西安：西北大學出版社，一九九六年），頁一八。

> 五行不過金木水火土，但按照古人的想法，紛紜複雜的現象世界，就是五行的排列組合。[102]

葛兆光將「五行」僅僅視為「金木水火土」，其實只刺取其極偏狹的意義。以上略舉幾位以思想史研究而著名的學者的意見，以示一隅。其餘的各種相近似的說法，限於篇幅，我不打算詳檢博引，一一解說，謹依據本文的分析，綜合指出諸家說法未及考慮的論點如下：

其一、諸說似未注意到，「行」的抽象觀念出現甚早。作為語言與文字的原初本義，同時兼具「人體之運動」（行走）和「自然之環境」（道路）二者，由是而分別產生出「道德之規律」與「宇宙之規律」二義。[103]學者大體低估了「行」字字義的複雜性。

其二、諸說似未注意到「行」此一觀念內在的一體性（totality）。上述「人體」與「自然」、「道德律」與「宇宙律」本出一源，未嘗二分，故衍伸而為「五行」，或從自然的「金、木、水、火、土」發展至人文的「貌、言、視、聽、思」及「肅、乂、哲、謀、聖」；或從「仁、義、禮、智」「四行和」的「人道」加上「聖」而上推至「五行和」的「天道」。天道與人道，人文與自然，可以自此至彼，或自彼至此，意義是終始相貫的。《郭店楚簡》將「仁、義、禮、

---

[102] 葛兆光：《中國思想史》，第一卷，頁一五一——一五二。

[103] 廖名春說：「筆者認為，『天行』之行，應釋為陣行、行列、排列。『天行』依《大象傳》體例，是指乾坤上下經卦之象，乾卦上下卦皆由經卦組成，乾為天，兩經卦乾相重為覆卦乾，故重乾之象為『天行』、天之陣行。」廖名春：〈帛書《周易》經傳述論〉，《周易經傳與易學史新論》（濟南：齊魯書社，二〇〇一年），頁一六八。

智、聖」稱為「五行」，陰陽家將「金、木、水、火、土」稱為「五德」，「德」之與「行」，都兼攝自然與人文之義，尤其顯示這兩個字的密切關係。

其三、諸說亦似未注意到「五行」之為言，「行」字原本即有運動的涵義，故「五行」不宜直接解釋為五種元素，應該同時考慮「行」字運動發展之義。[104] 這種運動發展之義決定了「五行」觀念的動態義。故〈洪範〉「五行」發展為「五事」，再發展為「庶徵」，以「時」為本，以「恆」為戒。《郭店楚簡》強調君子「五德」、「時行」的觀念，與《易傳》強調「時行」相同，而內涵略有不同。如前文指出，「時行」的基本概念是一個變動的世界，「五德」非一成不變，而應隨著內外環境各種條件的變易，而主導出某種特殊的價值和效用。

---

[104] 馮達文、郭齊勇注意到「五行」觀念很早就表達了相剋和相生的變化。他們說：「一般認為，『五行』源出於殷人對『五』的數字崇拜。最早明確提出『五行』是《尚書・洪範》篇。西周末年，史伯始創的『和實生物，同則不繼』的思想，又以『先王以土與金木水火雜，以成百物』（《國語・鄭語》）為說。春秋末年，五行相剋（相勝）的觀念開始出現。《左傳》昭公三十一年載趙簡子因做夢後遇日蝕，請史墨占其吉凶，史墨預言六年後吳軍將入郢，但因『火勝金，故弗克』。哀公九年，晉趙鞅為救鄭而卜，遇水適火，史墨說，姜為炎帝之後，『水剋火，伐姜則可』（《左傳》哀公九年）。這說明當時大概已有五行循環相剋的看法，所以《孫子兵法・虛實篇》說：『五行無常勝』。降及戰國初年，又出現了五行相生的思想。《管子・四時》、《禮記・月令》等篇不但有五行相生之說，而且開始把它與陰陽結合起來，構築一個陰陽五行的思想系統。」馮達文、郭齊勇編：《新編中國哲學史》（北京：人民出版社，二〇〇四年），上冊，頁一三五—一三六。

七、結論

從古文字字形分析，「行」字表達的是「道路」，由是而產生「行走」、「德行」等意義。從語言學上講，「行」字語義原為行走。「行走」義可能與專指人體脛骨的「胻」有關。以「胻」表述「行」此一語言，亦是人類以身體作為外在活動的座標。從語音材料看，《廣韻》所記「庚韻，戶庚切」、義為「行步也、適也、往也、去也」的「行」字可能是最早的讀音，道路義「行」字讀音相同。從語法學上講，以類比關係考察「行」字幾種意義，「行走」義應是「運行」義與「實踐」義的共同來源，而「實踐」義及其相配的「德行」義出現時間，則又早於「運行」及其相配的「軌跡」、「規律」。以類比觀點推論，「施行」義又可能衍生自「實踐」義。就語法分析而言，「行」字來源，從最初欠缺支配關係的「實踐」，發展到具有支配關係的「施行」，意味「行」字字義發生了重大轉變。綜合考察先秦經典「行」字字義，我們更可以得出以下幾個結論：

1. 從《詩》、《書》等西周早期文獻考察，「行」字兼有行走、道路、行列、德行、軌跡、行為諸義，而「行」字的意義群，顯示此一語言運用非常成熟，讓後人很難將「行」字各種意義發展的先後年代排列出來。

2. 「行」字源出於人類身體，又指涉自然環境事物，這可能顯示上古人類視人體與自然為一體。道路之「行」和德行之「行」，其實都涉及對與錯的價值判斷——合理的道路可以引導人達到目的地，合理的行為則可以令君子建德立義。《郭店楚簡》將「仁、義、禮、智、聖」稱為「五行」，陰陽家將「金、木、水、火、土」稱為「五德」，尤其顯示「行」與「德」二字的密切關係。「行」字其實反映了中國人文思想理性精神的源頭。

3. 「行」字本義無論是「行走」抑或「道路」，都含有時間性、發展性的運動涵義。這種涵義與《易經》陰陽自然循環的原理相結合，而發展出中行、天行、上行、志行等各種抽象化、哲理化意義；衍伸於「五行」，則發展出「時行」一類強調交替、運行、循環的新意義；再發展則為「五德終始」一類講「五行相勝相克」的循環思想。

4. 無論是〈洪範〉的「五行」，抑或《郭店楚簡》的「五行」，所講述的五種力量並不是均衡的，而是前四者屬一個層次（金木水火、仁義禮智），最後一個觀念（土、聖）屬另一個層次。

5. 過去研究中國思想史的學者對於「五行」觀念有種種激烈的批評，主要是因為忽視了「行」字字義的原始與變遷，因而也忽視了「五行」此一觀念的複雜性的緣故。

引用書目

一、古代典籍（略依四部分類排列）

〔漢〕鄭玄注：《周易乾鑿度》，無求備齋《易經集成》第一五七冊，臺北：成文出版社有限公司，一九七六年。
〔魏〕王弼，〔晉〕韓康伯注，〔唐〕孔穎達等正義：《周易注疏》，臺北：藝文印書館《十三經注疏》本，一九七九年。
〔唐〕李鼎祚輯：《周易集解》，臺北：臺灣商務印書館，一九九六年。
〔宋〕程頤：《周易程氏傳》，無求備齋《易經集成》第一五冊，臺北：成文出版社有限公司，一九七六年。
〔宋〕蘇軾：《東坡先生易傳》，無求備齋《易經集成》第一六冊，臺北：成文出版社有限公司，一九七六年。

〔宋〕龔原：《周易新講義》，無求備齋《易經集成》第一七冊，臺北：成文出版社有限公司，一九七六年。
〔宋〕陳瓘：《了齋易說》，無求備齋《易經集成》第一九冊，臺北：成文出版社有限公司，一九七六年。
〔宋〕張根：《吳園周易解》，無求備齋《易經集成》第一九冊，臺北：成文出版社有限公司，一九七六年。
〔宋〕朱熹：《周易本義》，臺北：大安出版社，一九九九年。
〔宋〕朱熹：《易學啟蒙》，《朱子全書》第一冊，上海：上海古籍出版社、合肥：安徽教育出版社，二〇〇二年。
〔宋〕趙彥肅：《復齋易說》，無求備齋《易經集成》第一七冊，臺北：成文出版社有限公司，一九七六年。
〔清〕王夫之：《周易內傳》，無求備齋《易經集成》第七五冊，臺北：成文出版社有限公司，一九七六年。
〔清〕王夫之：《周易稗疏》，無求備齋《易經集成》第一三〇冊，臺北：成文出版社有限公司，一九七六年。

〔清〕孫彤：《易義考逸》，無求備齋《易經集成》第一八五冊，臺北：成文出版社有限公司，一九七六年。
〔清〕李富孫輯：《李氏易解賸義》，無求備齋《易經集成》第一八五冊，臺北：成文出版社有限公司，一九七六年。
〔清〕馬國翰輯：《歸藏》，無求備齋《易經集成》第一八五冊，臺北：成文出版社有限公司，一九七六年。
〔清〕吳汝綸：《易說》，〔清〕吳汝綸撰，施培毅、徐壽凱校點：《吳汝綸全集》，合肥：黃山書社，二〇〇二年。
舊題〔漢〕孔安國傳，〔唐〕孔穎達等正義：《尚書注疏》，臺北：藝文印書館《十三經注疏》本，一九七九年。
〔漢〕毛亨傳，〔漢〕鄭玄箋，〔唐〕孔穎達等正義：《毛詩注疏》，臺北：藝文印書館《十三經注疏》本，一九七九年。
〔漢〕鄭玄注，〔唐〕賈公彥疏：《周禮注疏》，臺北：藝文印書館《十三經注疏》本，一九七九年。
〔漢〕鄭玄注，〔唐〕孔穎達等正義：《禮記注疏》，臺北：藝文印書館《十三經注疏》本，一九七九年。

〔晉〕杜預注，〔唐〕孔穎達等正義：《春秋左傳注疏》，臺北：藝文印書館《十三經注疏》本，一九七九年。
〔漢〕何休注，〔唐〕徐彥疏：《春秋公羊傳注疏》，臺北：藝文印書館《十三經注疏》本，一九七九年。
〔晉〕范甯注，〔唐〕楊士勛疏：《春秋穀梁傳注疏》，臺北：藝文印書館《十三經注疏》本，一九七九年。
〔唐〕陸德明：《經典釋文》，上海：上海古籍出版社，一九八五年。
〔清〕王引之：《經義述聞》，南京：江蘇古籍出版社，二〇〇〇年。
〔魏〕何晏注，〔宋〕邢昺疏：《論語注疏》，臺北：藝文印書館《十三經注疏》本，一九七九年。
〔宋〕朱熹：《四書章句集注》，北京：中華書局，一九九六年。
〔晉〕郭璞注，〔宋〕邢昺疏：《爾雅注疏》，臺北：藝文印書館《十三經注疏》本，一九七九年。
〔漢〕劉熙：《釋名》，《文淵閣四庫全書》，臺北：臺灣商務印書館，一九八三年，第二二一冊。
〔漢〕許慎撰，〔清〕段玉裁注：《說文解字注》，臺北：漢京文化事業有限公司，一九八三年。

〔魏〕張揖撰，〔清〕王念孫疏證：《廣雅疏證》，南京：江蘇古籍出版社，二〇〇〇年。

〔宋〕陳彭年等重修：《校正宋本廣韻》，臺北：藝文印書館，一九八一年。

《集韻》，《小學名著六種》，北京：中華書局，一九九八年。

〔清〕朱駿聲：《說文通訓定聲》，臺北：藝文印書館，一九七五年。

〔漢〕司馬遷撰，〔南朝宋〕裴駰集解，〔唐〕張守節正義，〔唐〕司馬貞索隱：《史記》，北京：中華書局，一九五九年。

〔漢〕班固撰，〔唐〕顏師古注：《漢書》，北京：中華書局，一九九五年。

〔吳〕韋昭注，上海師範大學古籍整理組校點：《國語》，上海：上海古籍出版社，一九七八年。

〔清〕章學誠撰，葉瑛校注：《文史通義校注》，北京：中華書局，一九九四年。

〔周〕莊周撰，〔清〕郭慶藩集釋，王孝魚點校：《莊子集釋》，北京：中華書局，一九九六年。

〔周〕荀況撰，〔清〕王先謙集解，沈嘯寰、王星賢點校：《荀子集解》，北京：中華書局，一九九七年。

舊題〔周〕管仲撰，黎翔鳳校注，梁運華整理：《管子校注》，北京：中華書局，二〇〇四年。

《素問》，北京：中醫古籍出版社，一九九九年。

舊題〔秦〕呂不韋撰，許維遹集釋，梁運華整理：《呂氏春秋集釋》，北京：中華書局，二〇〇九年。
〔漢〕劉安撰，何寧集釋：《淮南子集釋》，北京：中華書局，一九九八年。
〔漢〕揚雄撰，汪榮寶義疏，陳仲夫點校：《法言義疏》，北京：中華書局，一九九六年。
〔宋〕張載：《正蒙》，《張載集》，北京：中華書局，一九七八年。
〔宋〕黎靖德編：《朱子語類》，臺北：華世出版社，一九八七年。
〔梁〕劉勰撰，范文瀾注：《文心雕龍注》，臺北：臺灣開明書店，一九九三年。
〔宋〕洪興祖撰，白化文、許德楠、李如鸞、方進點校：《楚辭補注》，北京：中華書局，一九八三年。
〔清〕戴震著，胡錦賢整理：《戴氏雜錄》，張岱年主編：《戴震全書》，合肥：黃山書社，一九九四—一九九七年。
〔清〕錢大昕：《十駕齋養新錄》，《嘉定錢大昕全集》第七冊，南京：江蘇古籍出版社，一九九七年。
〔清〕段玉裁：《經韵樓集》，《段玉裁遺書》，臺北：大化書局，一九七七年。

二、近人專著（依作者姓氏筆劃排列）

于省吾：《雙劍誃群經新證、雙劍誃諸子新證》，上海：上海書店出版社，一九九九年。

中國社會科學院考古研究所編：《小屯南地甲骨》，北京：中華書局，一九八〇—一九八三年。

——：《殷周金文集成》，北京：中華書局，一九八四—一九九四年。

王力：《王力古漢語字典》，北京：中華書局，二〇〇〇年。

田倩君：《中國文字叢釋》，臺北：臺灣商務印書館，一九六七年。

朱伯崑主編：《國際易學研究》第一輯，北京：華夏出版社，一九九五年。

——：《易學哲學史》，北京：華夏出版社，一九九五年。

何琳儀：《戰國古文字典》，北京：中華書局，一九九八年。

艾蘭、邢文主編：《新出簡帛研究：新出簡帛國際學術研討會論文集》，北京：文物出版社，二〇〇四年。

余英時：《中國知識階層史論（古代篇）》，臺北：聯經出版事業公司，一九八〇年。

吳新楚：《周易異文校證》，廣州：廣東人民出版社，二〇〇一年。
李孝定編：《甲骨文字集釋》，臺北：中央研究院歷史語言研究所，一九九一年。
李學勤：《走出疑古時代》，瀋陽：遼寧大學出版社，一九九七年。
邢文：《帛書周易研究》，北京：人民出版社，一九九七年。
周法明主編：《金文詁林》，香港：香港中文大學，一九七五年。
周振甫：《周易譯注》，北京：中華書局，一九九一年。
季旭昇：《說文新證》，臺北：藝文印書館，二〇〇四年。
尚秉和：《周易尚氏學》，北京：中華書局，一九九八年。
屈萬里：《先秦漢魏易例述評》，臺北：學生書局，一九六六年。
——：《讀易三種》，《屈萬里全集》，臺北：聯經出版事業公司，一九八三年。
——：《書傭論學集》，《屈萬里全集》，臺北：聯經出版事業公司，一九八四年。
林政華：《易學新探》，臺北：文津出版社，一九八七年。
武內義雄：《中國思想史》，東京：岩波書店，一九六二年。

胡自逢：《先秦諸子易說通考》，臺北：文史哲出版社，一九八九年。
——：《易學識小》，臺北：文史哲出版社，二〇〇〇年。
胡頌平：《胡適之先生年譜長編初稿》，臺北：聯經出版事業公司，一九九〇年。
唐君毅：《中國哲學原論·導論篇》，《唐君毅全集》，臺北：臺灣學生書局，一九八六年。
夏乃儒主編：《中國哲學三百題》，上海：上海古籍出版社，一九九九年。
孫海波編：《甲骨文編》，臺北：藝文印書館，一九六三年。
徐中舒編：《甲骨文字典》，成都：四川辭書出版社，一九九五年。
徐復觀：《中國人性論史·先秦篇》，臺北：臺灣商務印書館，一九六九年。
荊門市博物館編：《郭店楚墓竹簡》，北京：文物出版社，一九九八年。
馬承源主編：《上海博物館藏戰國楚竹書㈢》，上海：上海古籍出版社，二〇〇三年。
高亨：《周易大傳今注》，濟南：齊魯書社，一九七九年。
——：《周易古經今注》重訂本，北京：中華書局，一九八四年。
——：《周易古經通說》，《高亨著作集林》，北京：清華大學出版社，二〇〇四年。

張光裕：《先秦泉幣文字辨疑》，臺北：國立臺灣大學文學院，一九七〇年。

張岱年：《中國古典哲學概念範疇要論》，北京：中國社會科學出版社出版，一九八七年。

——：《中國哲學大綱》，北京：中國社會科學出版社，一九八二年。

張豈之主編：《中國思想史》，西安：西北大學出版社，一九九六年

郭沫若主編：《甲骨文合集》，北京：中華書局，一九七七—一九八三年。

陳松長編著，鄭曙斌、喻燕姣協編：《馬王堆簡帛文字編》，北京：文物出版社，二〇〇一年。

陳鼓應主編：《道家文化研究》第三輯，上海：上海古籍出版社，一九九三年。

——：《易傳與道家思想》，臺北：臺灣商務印書館，一九九四年。

——：《道家易學建構》，臺北：臺灣商務印書館，二〇〇三年。

陳榮捷著，楊儒賓等譯：《中國哲學文獻選編》，臺北：巨流出版社，一九九三年。

章念馳編訂：《章太炎演講集》，上海：上海人民出版社，二〇一一年。

勞思光：《新編中國哲學史》增訂版㈡，臺北：三民書局，一九八四年。

曾春海：《易經的哲學原理》，臺北：文津出版社，二〇〇三年。

湖北省荊沙鐵路考古隊編：《包山楚簡》，北京：文物出版社，一九九一年。

馮友蘭：《中國哲學史新編》，北京：人民出版社，一九九五年。

——：《貞元六書》，上海：華東師範大學出版社，一九九六年。

馮達文、郭齊勇編：《新編中國哲學史》，北京：人民出版社，二〇〇四年。

黃沛榮：《易學乾坤》，臺北：大安出版社，一九九八年。

黃慶萱：《周易讀本》，臺北：三民書局，一九九二年。

——：《乾坤經傳通釋》，臺北：三民書局，二〇〇七年。

楊光榮：《藏語漢語同源詞研究——一種新型的、中西合璧的歷史比較語言學》，北京：民族出版社，二〇〇〇年。

楊伯峻：《春秋左傳注》，北京：中華書局，一九八一年。

楊慶中：《二十世紀中國易學史》，北京：人民出版社，二〇〇〇年。

葉玉森：《殷虛書契前編集釋》，臺北：藝文印書館，一九六六年。

葛兆光：《中國思想史》，上海：復旦大學出版社，二〇〇一年。

廖名春：《帛書周易論集》，上海：上海古籍出版社，二〇〇八年。
——、康學偉、梁韋弦：《周易研究史》，長沙：湖南出版社，一九九一年。
睡虎地秦墓竹簡整理小組編：《睡虎地秦墓竹簡》，北京：文物出版社，一九九〇年。
劉釗：《郭店楚簡校釋》，福州：福建人民出版社，二〇〇三年。
鄭吉雄：《戴東原經典詮釋的思想史探索》，臺北：臺大出版中心，二〇〇八年。
——：《易圖象與易詮釋》，臺北：臺大出版中心，二〇〇四年。
——主編：《語文、經典與東亞儒學》，臺北：臺灣學生書局，二〇〇八年。
——、佐藤鍊太郎合編：《臺日學者論經典詮釋中的語文分析》，臺北：臺灣學生書局，二〇一〇年。
鄧球柏：《帛書周易校釋》增訂本，長沙：湖南出版社，一九九六年。
蕭元主編，廖名春副主編：《周易大辭典》，北京：中國工人出版社，一九九一年。
戴君仁：《梅園論學續集》，臺北：藝文印書館，一九七四年。
戴家祥主編：《金文大字典》，上海：學林出版社，一九九五年。

戴璉璋：《易傳之形成及其思想》，臺北：文津出版社，一九八九年。
韓自強：《阜陽漢簡〈周易〉研究》，上海：上海古籍出版社，二〇〇四年。
羅振玉：《漢熹平石經集錄續補》，《歷代石經研究資料輯刊》第五冊，北京：北京圖書館出版社，二〇〇五年。
羅福頤主編：《古璽彙編》，北京：文物出版社，一九八一年。
顧頡剛等：《古史辨》，上海：開明書店，一九三八—一九四一年。

三、單篇論文、期刊

王明欽：〈王家臺秦墓竹簡概述〉，收入艾蘭、邢文編：《新出簡帛研究》，北京：文物出版社，二〇〇四年，頁二六—四九。
任俊華、梁敢雄：〈《歸藏》、《坤乾》源流考——兼論秦簡《歸藏》兩種摘抄本的由來與命名〉，《周易研究》二〇〇二第六期，頁一四—二三。
余敦康：〈從《易經》到《易傳》〉，《中國哲學論集》，瀋陽：遼寧大學出版社，一九九八年，頁三八一—四〇九。

李宗焜：〈數字卦與陰陽爻〉，《中央研究院歷史語言研究所集刊》第七七本第二分，二〇〇六年六月，頁二七九—三一八。

李學勤：〈西周中期青銅器的重要標尺〉，《中國歷史博物館館刊》一九七九年第一期，頁二九—三六。

邢文：〈數字卦與《周易》形成的若干問題〉，《臺大中文學報》第二七期，二〇〇七年十二月，頁，一—三二。

———：〈秦簡《歸藏》與《周易》用商〉，《文物》二〇〇〇年第二期，頁五八—六三。

任俊華、梁敢雄：〈《歸藏》、《坤乾》源流考——兼論秦簡《歸藏》兩種摘抄本的由來與命名〉，《周易研究》二〇〇二第六期，頁一四—二三。

洪漢鼎：〈詮釋學與修辭學〉，《中國詮釋學》第一輯，濟南：山東人民出版社，二〇〇三年，頁一—一一。

荊州博物館：〈江陵王家臺一五號秦墓〉，《文物》一九九五年一期，頁三七—四三。

馬王堆漢墓帛書整理小組：〈馬王堆帛書《六十四卦》釋文〉，《文物》一九八四年第三期，頁一—八。

徐芹庭：〈六十年來之易學〉，程發軔編著：《六十年來之國學》，臺北：正中書局，一九七二年。

張以仁：〈聲訓的發展與儒家的關係〉，《中國語文學論集》，臺北：東昇出版事業公司，一九八一年，頁五三—八四。

張立文：〈周易帛書淺說〉，《周易帛書今注今譯》，臺北：臺灣學生書局，一九九一年，上冊，頁一—四二。

張政烺：〈試釋周初青銅器銘文中的易卦〉，《考古學報》一九八〇年第四期，頁四〇三—四一五。

郭沫若：〈由周初四德器的考釋談到殷代已在進行文字簡化〉，《文物》一九五九年第七期，頁一—二。

陳松長：〈帛書《繫辭》釋文〉，《道家文化研究》第三輯，上海：上海古籍出版社，一九九三年，頁四一六—四二三。

——、廖名春：〈帛書《二三子問》、《易之義》、《要》釋文〉，《道家文化研究》第三輯，上海：上海古籍出版社，一九九三年，頁四二四—四三五。

陳桐生：〈二十世紀的《周易》古史研究〉，《周易研究》一九九九年第一期，頁二三—三〇。

馮時：〈天地交泰觀的考古學研究〉，收入葉國良、鄭吉雄、徐富昌合編：《出土文獻研究方法論文集・初集》，臺北：臺灣大學出版中心，二〇〇五年，頁三二三—三三八。

傅凱瑄、鄭吉雄合著：〈易傳作者問題檢討〉，收入林慶彰主編：《中國經學問題論爭史》，臺北：萬卷樓圖書公司，二〇一二年。

黃沛榮：〈近十餘年來海峽兩岸易學研究的比較〉，《漢學研究》第七卷第二期（一九八九年十二月），頁一—一七。

黃宣範：〈語義學研究的幾個問題〉，收入幼獅月刊社編：《中國語言學論集》，臺北：幼獅文化事業公司，一九七九年，頁三八三—三九七。

楊秀芳：〈論動詞「楗」的語義發展〉，《中國語言學集刊》第一卷第二期，二〇〇七年十二月，頁九九—一一五。

——：〈從詞族研究論「天行健」的意義〉，收入鄭吉雄、佐藤鍊太郎合編：《臺日學者論經典詮釋中的語文分析》，臺北：臺灣學生書局，二〇一〇年，頁三五—七五。

程二行、彭公璞〈《歸藏》非殷人之《易》考〉，《中國哲學史》二〇〇四年二期，頁一〇〇—一〇七。

楊超：〈先秦陰陽五行說〉，《文史哲》一九五六年第三期，頁四九—五六。
廖名春：〈帛書《周易》經傳述論〉，《周易經傳與易學史新論》，濟南：齊魯書社，二〇〇一年，頁一六四—一九二。
劉長林：〈陰陽原理與養生〉，《國際易學研究》第二輯，北京：華夏出版社，一九九六年，頁九九—一二九。
鄭吉雄：〈從乾坤之德論「一致而百慮」〉，《清華學報》第三二卷第一期，二〇〇二年六月，頁一四五—一六六。
——：〈二十世紀初《周易》「經傳分離說」的形成〉，收入劉大鈞編：《大易集奧》，上海：上海古籍出版社，二〇〇四年，頁二一五—二四七。
——：〈中國古代形上學中數字觀念的發展〉，《臺灣東亞文明研究學刊》，臺北：臺大東亞文明研究中心第二卷第二期，二〇〇五年十二月，頁一三七—一七四。
——：〈論象數詮《易》的效用與限制〉，《中國文哲研究集刊》第二九期，二〇〇六年九月，頁二〇五—二三六。
——：〈論易道主剛〉，《臺大中文學報》第二六期，二〇〇七年六月，頁八九—一一八。

——：〈從《太一生水》試論《乾・彖》所記兩種宇宙論〉，武漢大學簡帛研究中心：《簡帛》第二輯，上海：上海古籍出版社，二〇〇七年，頁一三九—一五〇。

——：〈從遺民到隱逸：道家思想溯源——兼論孔子的身分認同〉，《東海人文學報》第二期，二〇一〇年七月，頁一二五—一五六。

——：〈論《易經》非占筮紀錄〉，《周易研究》二〇一二年第二期，二〇一二年四月，頁二十四—三十二。

錢玄同：〈論近人辨偽見解書〉，《古史辨》，第一冊，頁二四—二五。

——：〈研究國學應該首先知道的事〉，《古史辨》，第一冊，頁一〇二。

龐樸：〈周易古法與陰陽觀念〉，《文化一隅》，鄭州：中州古籍出版社，二〇〇五年，頁三九六—四〇九。

嚴一萍：〈釋〉，國立臺灣大學文學院中國文學系編印：《中國文字》第四〇期，一九七一年六月，頁一—一四。

龔煌城："The System of Finals in Proto-Sino-Tibetan,"《漢藏語研究論文集》，臺北：中央研究院語言學研究所籌備處，二〇〇二年，頁七九—一二四。

四、會議論文

徐少華：〈上博八所見「令尹子春」及其年代試析——兼論出土文獻整理與解讀中的二重證法〉，國立臺灣大學中國文學系「出土文獻研究方法國際學術研討會」，二〇一一年十一月二六—二七日。

徐芳敏：〈漢藏語系「行」同源詞及漢語「行」上古音〉，國立臺灣大學東亞文明研究中心「語文與經典詮釋研究計畫」研討會，二〇〇三年八月二二日。

廖名春：〈從「乾」、「坤」的本文論《周易》的哲學內涵〉，北京中國人民大學國學院「經學：知識與價值國際學術研討會」，二〇一〇年七月一七—一八日。

鄧佩玲：〈《詩・周頌・維天之命》「假以溢我」與金文新證〉，香港嶺南大學中文系與中央研究院中國文哲研究所合辦「經學國際學術研討會」，二〇〇九年五月二九—三〇日。

賴貴三：〈《歸藏易》研究之回顧與評議〉，山東大學易學與中國古代哲學研究中心「早期易學的形成與嬗變國際學術研討會」，二〇一一年十月一三—一六日。

五、西文資料

Cheng, Dennis Chi Hsiung. "Speculating Upon the Philosophy of 'Changes': On the Notion of Time and the Diversities on Meanings." Paper presented at the workshop "Reading Matters: Chinese and Western Traditions of Interpreting the Classics," IIAS, Leiden University, 10-11 June, 2011.

Gadamer, Hans-Georg. *Truth and Method*. Trans. and ed. Garrett Barden and John Cumming. New York: Continuum, 1975.

Kelley, Donald R. *Foundations of Modern Historical Scholarship: Language, Law, and History in the French renaissance*. New York: Columbia University Press, 1970.

Kunst, Richard A. *The Original "Yijing": A Text, Phonetic Transcription, Translation and Indexes, with Sample Glosses*. UMI Dissertation Information Service.

Legge, James, trans. *I Ching, Book of Changes*. New Hyde Park, NewYork: University Books, 1964.

Lynn, Richard J. *The Classic of Changes, A New Translation of the I Ching as Interpreted by Wang Bi*. New York: Colombia University Press, 1994.

Rutt, Richard J. *The Book of Changes (Zhouyi)*. Surrey: Curzon Press, 1996.

Shaughnessy, Edward L. *Before Confucius: Studies in the Creation of the Chinese Classics*. Albany, NewYork: SUNY 1997.

Wilhelm, Hellmut. *Heaven, Earth, and Man in the Book of Changes*. Seattle: University of Washington Press, 1980.

Wilhelm, Richard（衛禮賢）, trans. *The I Ching, or, Book of Changes.* Rendered into English by Cary F. Baynes. Foreword by C. G. Jung. Princeton, New Jersey: Princeton University Press, 1971.

人物名字號生卒年表

三畫

于省吾（思泊，一八九六—一九八四）

四畫

孔子（丘、仲尼，西元前五五一—西元前四七九）
孔伋（子思，西元前四八三—西元前四〇二）
孔穎達（沖遠，五七四—六四八）
王夫之（船山、薑齋，一六一九—一六九二）

王引之（伯申，一七六六—一八三四）
王念孫（懷祖、石臞，一七四四—一八三二）
王國維（靜庵、觀堂，一八七七—一九二七）
王弼（輔嗣，二二六—二四九）
王肅（子雍，一九五—二五六）
王逸（叔師，主要活動年代為東漢安帝、順帝年間，生卒年不詳）

六畫

成玄英（子實，主要活動年代為唐貞觀年間，生卒年不詳）
朱伯崑（一九二三—二〇〇七）
朱熹（元晦、晦翁，一一三〇—一二〇〇）
朱駿聲（允倩，一七八八—一八五八）

七畫

余永梁（民國人，生卒年不詳）
吳汝綸（摯父、摯甫，一八四〇—一九〇三）
李鼎祚（唐人，生卒年不詳）
李鏡池（一九〇二—一九七五）
杜預（元凱，二二二—二八四）

八畫

孟子（軻，約西元前三七二—西元前二八九）
尚秉和（節之、滋溪，一八七〇—一九五〇）
屈萬里（翼鵬，一九〇七—一九七九）
武內義雄（一八八六—一九六六）

九畫

段玉裁（懋堂、若膺，一七三五—一八一五）
胡自逢（一九一一—二〇〇四）
胡樸安（原名韞玉，一八七八—一九四七）

十畫

唐君毅（一九〇九—一九七八）
容肇祖（元胎，一八九七—一九九四）
徐中舒（一八九八—一九九一）
徐復觀（原名秉常、字佛觀，一九〇四—一九八二）
荀爽（慈明，一二八—一九〇）
馬融（季長，七九—一六六）

高亨（晉生，一九〇〇—一九八六）
高誘（東漢人，生卒年不詳）

十一畫

崔述（一七四〇—一八一六）
崔憬（唐人，生卒年不詳）
張根（知常，主要活動年代在北宋徽宗大觀年間，生卒年不詳）
梁啟超（卓如、任公，一八七三—一九二九）
許慎（叔重，約五八—一四七）
郭沫若（鼎堂，一八九二—一九七八）
陳淳（安卿、北溪，一一五九—一二二三）
陳瓘（瑩中，一〇五七—一一二四）

陸德明（名元朗，約五五〇—六三〇）
章炳麟（太炎、枚叔，一八六九—一九三六）

十二畫

馮友蘭（芝生，一八九五—一九九〇）

十三畫

楊伯峻（一九〇九—一九九二）
楊倞（唐人，生卒年不詳）
葉玉森（洪漁、中冷，一八八〇—一九三三）
虞翻（仲翔，一六四—二三三）
賈公彥（唐人，生卒年不詳）

十四畫

趙彥肅（子欽、復齋，南宋乾道年間進士，生卒年不詳）

十五畫

劉師培（申叔、光漢，一八八四—一九一九）
歐陽修（一〇〇七—一〇七二）
鄭玄（康成，一二七—二〇〇）

十六畫以上

錢大昕（辛楣、竹汀、曉徵，一七二八—一八〇四）
錢穆（賓四，一八九五—一九九〇）
戴君仁（靜山，一九〇一—一九九〇）

戴震（東原，一七二三—一七七七）

嚴一萍（原名城、又名志鵬，字大鈞，一九一二—一九八七）

顧頡剛（一八九三—一九八〇）

龔原（深甫，一〇四三—一一一〇）

龔煌城（一九三四—二〇一〇）

Legge, James（理雅各，一八一五—一八九七）

Plato（柏拉圖，西元前四二七—西元前三六八）

Rutt, Richard（一九二五—二〇一一）

Wilhelm, Hellmut（衛德明，一九〇五—一九九〇）

Wilhelm, Richard（衛禮賢，一八七三—一九三〇）

中央研究院中國文哲研究所中國文哲專刊㊶

周易玄義詮解

著作者　鄭吉雄

發行者　中央研究院中國文哲研究所
台北市南港區研究院路二段一二八號
電話：（〇二）二七八八三六二〇

承印者　達雯印刷有限公司
台北市昆明街二三五號六樓之三
電話：（〇二）二三八八〇六七六

定價　新台幣二二〇元

初版　中華民國一〇一年十月初版

ISBN：978-986-03-3858-4（平裝）　GPN：1010102143

國家圖書館出版品預行編目資料

周易玄義詮解／鄭吉雄著. -- 初版. -- 臺北市：中研院文哲所, 民 101.10

面； 公分. --（中央研究院中國文哲研究所中國文哲專刊；41）

ISBN 978-986-03-3858-4（平裝）

1. 易經 2. 研究考訂

121.17 101020093